小さな天才の育て方・育ち方

小・中・高に通わず大学へ行った話

吉田晃子・星山海琳 著

セルバ出版

はじめに

星山は、小学校、中学校、高校に通わないことを選び、勉強も一切してきませんでした。そして17歳の夏、とつぜん大学へ行こうと思い立ちました。九九もｂｅ動詞もわからない、足し算、引き算といったところから勉強をはじめ、12年間かけて学習するはずの勉強をわずか2ヶ月半で終え、志望大学に現役入学したのです。

これは、頭がいいとか、天才だとか、そういうことではまったくありません。もしもそうなら、世の中の誰もが、はじめから天才として生まれてきています。

大切なのは、子どもがどういう環境で、どう育つかです。それはつまり、親と子の関係性ということにほかなりません。星山が一般の学校へ通わず、勉強もせず、それでも短期間の勉強で大学に合格できた理由も、そこにあるとおもっています。

わたしたち親子はずいぶん前から、はじめて会う人に99・8％、親子に見られたことがありません。親子と知ると、本気でびっくりされて、わたしたちはいつも笑ってしまいます。自分たちでは親子という感覚もちゃんとあるのですが、でもそれは世の中で一般的とされている親子の構図とは、少し違うかもしれない、ともおもいます。

親（大人）は子どもよりも上の存在だとか、親がよいほうへ導いてやらなきゃいけないなんてことは、絶対にありません。子どもを１００％信じ、尊重し、ただ一人の人間として子ども自身を愛する。必要なのは、いつでもそれだけです。それだけで、子どもはおのずと、素晴らしいほどに、天才のまま育っていきます。

同時に、いまの「学校」という場所に苦しめられることなく、それ以外のものに関してもすべて、自分がいちばん選びたいものを選べることを願ってやみません。それはもちろん子どもだけでなく、大人も、みんながです。

そして、わたしたち親子がどんなふうに楽しく過ごし、なにを考えてきたのかといったことが、少しでもどなたかのお役にたつことができたら、こんなに嬉しいことはありません。

平成28年5月

吉田　晃子
星山　海琳

小さな天才の育て方・育ち方―小・中・高に通わず大学へ行った話　目次

（星山海琳）

はじめに

第1章　大学を志すまで

1　子どもとしてわたしが伝えられること・12
2　小学校一年生で学校に行くのをやめる・14
3　小中学校は通わなくても卒業できる・17
4　デモクラティックスクールとは・19
5　学校に行かないとどうなるか・23
6　好きなことばかりしているとわがままな子になる？・25
7　算数ができなくても大人になれる・27
8　将来に不安はない・30

第2章　17歳にしてはじめての勉強（星山海琳）

1　九九もできない自分が6ヶ月で大学に合格できたらおもしろい・34
2　小中高12年間の勉強を2ヶ月半でやる・36
3　算数は20時間、数学は12時間で終わる・38
4　国語と現代社会は勉強いらず・41
5　ひたすら過去問を解くに尽きる・43
6　高認試験は簡単・46
7　6ヶ月で大学に合格するために必要なもの・48
8　子どもが感じることはいつも正しい・50
9　大切なのは「大学に行く」ことではなく「大学にも行ける」こと・52

第3章　学校と家庭（星山海琳）

1　デモクラテッィクスクール（サドベリースクール）で得られるもの・56
2　デモクラテッィクスクールは「なにもない」ところ・59

3　そこにいるみんなが自分たちの学校を愛している・61
4　学校よりも重要な家庭環境・63
5　母親からの100%の愛情があれば子どもはマイノリティを恐れない・65
6　反抗期はないほうが自然・67
7　子どもにとっての「自慢の母親」になる方法・69
8　子どもが母親に求めるたった一つのこと・71

第4章　これからの自由な学び　（星山海琳）
1　大学へ通ってみておもうこと・74
2　学校をつくること・つくらないこと・78
3　学校に行きたくない人へ・83
4　人生は楽しむためにある・86

第5章　子育ては自分に出会う旅　（吉田晃子）
1　母親ほど素敵な仕事はない・90

2 子どもをいつでも名前で呼ぶ・92
3 赤ちゃん言葉を使わない・94
4 「見てみてー」のお福分け・96
5 生まれてきた子どもは先天性心臓疾患・98
6 親が子を育てるのではなく、子が親を育てる・104
7 子どもとも「一人の人間」として付き合う・107
8 子どもは親の虚栄心をはがしてくれる・109

第6章 子どもの場所から

(吉田晃子)

1 どうして6歳になったからといって学校にいくのでしょうか・112
2 学校のチャイムはいじわる・114
3 今日はどの学校に行こうかな・116
4 「学校ってこうすればいいのに」案・118
5 公の学校とデモクラティックスクールの違い・120
6 子どもが学校に行かなくてよかったこと・122

7 不登校はレインボー・125

第7章 勉強のなかで暮らしている （吉田晃子）

1 娘が携帯を持ったのは6歳のとき・128
2 子どもとお金・130
3 遊びは自分を信じることにつながる・133
4 プレゼンテーションの能力が育つ・136
5 イタリア語を習得したい・138
6 旅は見聞を広める・140
7 アルバイトで身についた受験勉強のコツ・142
8 言葉を失った、娘の数学の勉強・144

第8章 子育てがうまくいったたった一つの方法 （吉田晃子）

1 遊びこそが学びのすべて・148
2 自分がされたらいやなことをしなかっただけ・153

3　干渉は子どもを不自由にする・157
4　自分がおいしいとおもう玉ねぎソテーをつくる・160
5　大学へ行くと言った娘を見ていて感じたこと・162
6　はじめての旅・165

第1章　大学を志すまで

1　子どもとしてわたしが伝えられること

「やりたいことをやる」「やりたくないことはやらない」

わたしがこれまでにしてきたことは、「やりたいことをやる」「やりたくないことはやらない」、ただそれだけでした。大学へ行く、ということもその一つに過ぎなかったし、実際、思い立った17歳の夏までは、大学へ行こうなんてまるで考えていなかったのです。

でも結果が出てみて、今回それが達成できたのは、いままでずっとやりたいことをやってきたからだと、改めて感じます。その経験や環境が、6ヶ月の短期間で、ほとんどはじめて勉強というものに触れたわたしを大学に合格させてくれた。

小・中・高に通わずに大学へ行く方法というのは、つまりは小中高へ通わなくても大学へ行くことができるような、やりたいとおもったことをやり遂げられる方法、ということです。

毎日の生活が人を育む

そういう力はどうすれば身につくんだろう、とふりかえってみても、一つひとつは全然、特別なことではありません。必勝の勉強法とか、斬新な子育て法とか、そんなことはわたしにはお伝えできないのですが、でもそれだけもっと日常的で永続的なことだとおもいます。

九九も知らなかったわたしが、小中高12年間の勉強を２ヶ月半の期間でできたことや、それから大学に合格したこと、そういうことにつながるのは、非日常的なもののおかげじゃなくて、先のことをなんにも考えずに毎日やってきたことの、目に見える結果の一つです。

子どもが自分を生きていくために

みんな誰かの子どもとして生きているわけで、とくに幼いうち、若いうちは親とともに暮らしていることが多いとおもいます。

子どもがどんなふうに、どう育って生きていくかということに、家庭環境、つまり親と子の関係性というのはなにより大事です。どうしたって、大事じゃないわけがありません。子どもがのびのびと、自分らしく、幸せに育って、生きていくために大事なのは親の純真な愛情のほかにないとおもうのです。

でも、じゃあ親はその愛情をどんなふうに、どうやって注いでいけばいいのか、ということはわたしには説明ができません。その経験が、ないからです。

わたしにわかるのは、どんなふうに愛されてきて、それが自分にとってどんなものか、親と共に暮らしながら自分はどんなことをしてきたのか、ということです。誰かに伝えることができるのも、そんなことです。いつかどこかで花がひらいても、ひらかなくても、そういう種をまいていくことができたらうれしいなと、おもっています。

2　小学校一年生で学校に行くのをやめる

学校は不自然

ランドセルを背負って登校することをすごく楽しみにしていたわたしは、一年生になって早々、小学校へ行くことをやめました。

いざ通ってみると、学校には不思議なことがそれはもうたくさんあって、帰宅しては母親にあれはどうして、これはどうして、と尋ねていたようです。

たとえば、入学してすぐ、クラス全員の子どもたちにフラットファイルが配られ、男の子には青、女の子にはピンク色のものが用意されていました。

そのころわたしは青色がとても好きで（ピンクはきらいだった）、なんでも青色を選んでいたのですが、このときは自分で選ぶ余地もなくピンク色のファイルが配られました。わたしが女の子だったからです。

ほかにも、勉強や宿題に対する「なぜしなきゃならないんだろう？」という定番の不思議。そういう不思議はどれも、本来すごく自然なものです。

それまで毎日楽しく気ままに遊んでいた子どもたちが、６歳になったとたん、決まった時間に決まった学校へ行って、決まった席について、チャイムの鳴るとおりに体を動かして、出されたものを好き嫌いなく食べて、カリキュラムどおりに勉強する。

もしすぐに順応できるなら、むしろ学校は必要ないような気がします。不自然だとおもわないほうが、不自然じゃないでしょうか。不思議におもう気持ちが言葉になって出てくるのか、親に伝えられるのか、それで学校に行くか行かないかということには個人差があるにしても。

子どもの偉大な才能を奪わない方法

けれどそれは、数年もすれば子どものなかで「当然」なことになってしまいます。「しかたのないこと」になる。不思議だったこと、なんでだろうとおもったことを、そのままなかったことにする、ということに慣れていきます。深い海をもぐって、海底にたどり着くまで考える、ということがだんだんできなくなっていく。

目の前にひろげたものを、「そんなことは考えなくていい」とかたっぱしから片づけられることは、持って生まれた最高の才能を、奪われてしまうこととおなじです。大人が子どもに望んでいるものを、大人が自ら奪っている。

わたしの家庭は、そのとき抱いた一つひとつの感覚を片づけずに、そのままにしておいてくれました。それはどんなに子どもの感受性や自尊心、自分で考える力を育んでいくことなのだろう、とおもうのです。ただ、見守っていてほしい。身も蓋もない言い方をするなら、放っておいてほしいのです。お説教も、お節介もなく。奪うことも、与えることもせず。

すべての子どもに一つの学校が合うわけがない

学校という一つの規格に、合う子がいるのも、合わない子がいるのも当然のことです。食事とか洋服にいくつもの種類があるみたいに。そしてそういうものとおなじように、自分に合わないものを選びつづけるのは疲れるし、もったいないなとおもいます。時間はほんの一秒だってくりかえすことができないのに。

近頃、学校に行かないことを許されるのは、いじめであるとか、なにか「ふさわしい理由」に対して、そこまでして行かなくてもいいよ、というものが多いです。でも、大変な、たとえば生命にかかわるような理由がなければ、行かないでいることはだめなんだろうか？　それは甘えたことなんでしょうか？

わたしは学校が好きじゃありませんでした。受け入れられないことがたくさんあったし、自分自身をただ消費していくのがいやだったし、今になってもそれだけの価値を見つけることはできません。

学校へ行かないっていうのは、ほんとはなにも重大なことじゃなくて、それこそご飯や着る服を選ぶみたいな、それくらいのことです。

学校に行っていないときのほうが楽しいから行かないって、全然いい。ちっとも甘えたことではないし、大人になるために必要な忍耐でもありません。楽しくないことよりも、楽しいことをしたいと、わたしはおもいます。

3　小中学校は通わなくても卒業できる

「卒業できない」はウソ

小・中学校って通わなくても卒業できるんだ、という反応をしばしば受けます。一日でも通えば卒業できる、とかいうのも聞きますが、実際はそんなことはありません。

わたしは一年生から、兄は五年生から学校に通っていないし、二人とも中学にいたっては一度も登校していないけど、ちゃんと卒業しています（卒業証書も家のどこかにとってあるはず）。

このままじゃ卒業できませんよ、なんて脅されることもあるのかもしれませんが、それにおびやかされて重い足どりで登校する必要はありません。

あと、卒業式に出れば卒業できる、というのも聞きます。これも、出席してもしなくても本来はどちらでもかまいません。

先生に懇願される、みたいなことはたまにあるかもしれない。わたしと兄の場合は、興味がなかったので出席しませんでした。中学校の入学式も。

証書は、あとから持ってきてもらったり、こちらから取りにいったりしましたが、正直べつに手もとになくたっていいんじゃないかな、という気がします。欲しいならもちろん貰えばいいのですが。

学校を憎む必要も媚びる必要もない

なんにしても、高校や大学ならともかく、小・中学校においては「卒業のために」学校と関わる必要はありません。子ども自身にとっていちばんいい形で、学校と接していけばいいし、学校を憎む必要も、媚びる必要もないとわたしはおもっています。

学校は、世界でたった一人の子どもを育んでいくための場所ではなくて、将来、国に尽くす大人たちのうちの一人に育てるために、子どもたちの感性や天性を奪っていく場所です。もちろん、学校へ通うすべての子どもがその感性や才能を奪われているということではありません（けれど、それらを奪われなかった大人たちのなかで、子どもには公の学校教育が必要だ、という意見を持っている人はあまり見かけません）。

お互いにとって、ほかのなににも代えがたいものなら（それこそ親子のように）、歩みよって共存していくほうがいいかもしれないけれど、学校はそうじゃない。

それなら自分から、いたくないとおもう場所を離れて、いたいとおもう場所で過ごしていけばいい。そのために、卒業は足かせにならない、ということです。

「卒業ってなんなのか、卒業はほんとに卒業か？」みたいなことは、それはそれでまたおもしろい話ですが、とにかく子どもが「卒業したくない」とでも言わないかぎり（その場合はどうなるのかわたしもまだ知りません）できます、卒業。

4　デモクラティックスクールとは

日本のデモクラティックスクール

わたしは、小学校へ行かなくなった6歳から11歳まで、大阪にあったデモクラティックスクール（サドベリースクール）に通っていました。

小学校に魅力が感じられなかったことで行くのをやめたわたしにとって、この学校はとても魅力的だったからです。

アメリカ・ボストンにある「サドベリーバレースクール」の教育理念に共感するデモクラティックスクールは、世界各国に広がるオルタナティブスクール（もう一つの学校）の一つです。

始まりは１９９７年、黒田喜美さんを中心に「デモクラティックスクールまっくろくろすけ」（兵庫）が生まれました。２０１６年６月現在、日本全国に９校存在しています（そのほか、準備校などが８校ほどあります）。

サドベリースクールと名づけられているところもあり（こういった名称を用いることに権利や正式な定義があるわけではありません）、いずれも基本的な理念・方針は共通しています。

細部がそれぞれ異なる、それぞれ魅力的な学校も、これからは特に増えていくこととおもいます。

デモクラティックスクールおよびサドベリースクールの教育理念は、次のようなものです。

デモクラティックスクール（サドベリースクール）の教育理念

・自分の好きなことを学ぶ

子どもたちは大人に指図や規制されなくとも、自分で学び、成長することができる。だからそれぞれが興味のあることを行い、子どもたちは「やりたいことをやる」ことでその時々の最大限の学びを得ている。

・カリキュラム＆テストなし

どんな形でも子どもたちが大人からテストなどで評価されることはない。

・子どもの尊重

子どもたちは大人から一方的に指図されたり、規制されたりすることはない。子どもも大人も、同じようにひとりの人間として尊重されている。

・ミーティングで話し合って決める

スクールの方針や予算は子ども・スタッフ共に1票をもったミーティングによって決定される。ミーティングで決めて納得したルールを守りながら、自由に過ごしている。スタッフの人事を子どもたちの投票で決定するスクールもある。

・年齢ミックス

従来の学校のような、年齢によるクラス分けはない。いろんな年齢の子どもたちが一緒に過ごすなかで、互いに教えあったり影響を受けたりしながら、多くのことを学んでいく。

民主的な学校

デモクラティック、つまり民主的な学校ですが、なにもいまの日本のような「民主主義っぽいもの」ではありません。自分のことは自分で決め、みんなのことはみんなで決める。子どもたちは毎日のなかでただ遊んでいて、それは一人ひとり、たとえば鬼ごっこをすること、野球をすることだったり、ゲームや、漫画を読む、料理をする、話をすることだったりします。

自分が「やりたい」こと。なにをするかを、自分が決めます。

でも共同体であるかぎり、そして一人ひとりが尊重されていればいるほど、自分と相手、あるいはスクールとのあいだに、自然とたびたびなにかしらの「問題」が起きます。

会計や人事といった直接的にスクールの運営にかかわることや、個人のあいだで価値観の異なることなど(たとえば「歩きながら食べないでほしい」とか、「テーブルの上に座らないでほしい」とか、とにかくいろいろなことがあります)。

そういうとき、どちらかがどちらかの価値観を押しつけるとか、言うことを聞く、みたいなことは起こりません。時にはくたびれるくらい話し合って、自分の声と、相手の声に耳をかたむけて、受け止めて、それに関わる人たちみんなにとってベストな解決策を探します。それがルールになっていくこともあります。

規則もなにもかも、学校や大人たちが勝手に決めたことだから合わない子がいたり、やぶりたくなる子がいたりするわけで、自分たちで決めたことなら話は別です。もしもそれがまた誰かにとって不都合になったのなら、また話し合う。

デモクラティックスクールには、従来の学校を学校たらしめているような要素は、ほとんどなにもありません。本来、学校がこうでなくちゃならない、という決まりなんてないはずで、もしあるとするならばそれは、なにを学ぶのであれ学校はそこで学ぶ人たちのための場所である、ということではないかとおもいます。子ども（学ぶ人）を導こうとする大人のためではなく。

遊びは原点

「遊ぶ」ということは「やりたいこと」をすることで、「やりたいこと」はどんなものでも「遊び」だとわたしはおもっています。だから、「やりたいこと」っていうのは魂の動きそのもので、つまり「遊び」は魂が生きている、ということなのだとおもう。

すべての学びは遊びのなかにある、という考えがデモクラティックスクールにもあります。やりたいことはみんな違っていて、それは魂、つまりその子自身が求めるものがみんな違っている、ということです。それは当然のことで、だからこそ素晴らしくて、その子自身の命が育まれていく。それは驚異的に美しくて、わたしは本当にうれしくなります。

そして、そんなふうに生きる力を強く大きく育んでいる子は、大人が見出すようなつまらない問題なんかものともせずに、無限の世界を生きていきます。

5　学校に行かないとどうなるか

24時間まるまるを自分の好きなように使う

学校に行かないとどうなるかというと、24時間まるまるを自分の好きなように使えることになります。

まず朝、学校のために起きなくていいし、学校へ行くために朝ごはんを食べなくてもいい。起きたいときに起きて、食べたいときに食べて、規則正しい生活も不規則な生活も、したければすればいい（こうしてみると、なぜ学校が必要だとされているのかもわかりやすいです）。

そして子どもにとってなにより重大なのは、「勉強しなくていい」ということだろうとおもいます。

勉強したくない、宿題したくないな、とおもっている子が、したくないそれを全部しなくていいようになったら、どんなに楽しいだろう。どんなにいきいきして、勉強をしているときにはみせなかったとてつもない集中力で、どんなことをするだろう。興味のない数式や歴史を詰めこんでいた頭のなかを、好きなことで埋めつくせたら。

なんでも、子ども自身が選んではじめて意味があって、だから親が「学校へ行かないかわりに塾や家でちゃんと勉強しなさい」と強いることは、学校へ行くことと、ほとんど変わりがないように、わたしには見えます。

学校は一つに決めなくてもいい

担任の先生に「もう学校に来ません」と言って、事実上、小学校をやめたときまでは、日によって登校したり、しなかったりしていました。デモクラティックスクール（サドベリースクール）に通う日、家で過ごす日、小学校へ行く日、といったように。

夏場は、プール授業の時間だけ小学校へ行って、そのあとデモクラティックスクールに行く日、というのも多くありました。おいしいとこ取りをして、毎日、自分が過ごしたいところで過ごしたいようにしていたのです。ちなみに、当時わたしはプールが好きだったのでそういう日があったりしたのですが、あるとき「プールもただの授業で、わたしはあの笛でプールとの関係を操作されているんだ」と気づいてから、すっかり興味がなくなってしまいました。

時間は自分のためにある

カリキュラムとか、時間割とかがないっていうのは、ほんとはすごく当たり前のことです。一ヶ月の給食の献立に一喜一憂するよりも、自分がその日そのとき食べたいものを食べるほうが楽しい。どうして、「学校のルールだから」というだけで、それを受け入れることができるんだろう？

9年、あるいは12年間の膨大な時間を、ほんとは行きたくない学校なんかではなくて、自分のために使いたい。そして、あちこちで生活するみんながそうだったら、街はどんなに素敵になるんだろう、とおもうのです。

6　好きなことばかりしているとわがままな子になる？

わがままは素敵なこと

「好きなことばかりしていたら、わがままな子になるんじゃないか？」「苦労や困難を避けて、楽をして、しっかりした大人になれないんじゃないか？」という疑問を、よく聞きます。

結論から言ってしまうと、子どもが親から本当に愛されて、信頼されていれば、そうはなりません。絶対と言い切ってしまってもいいし、そうなるほうが難しい。本当に、愛と信頼を受けていられたら。

わたしは好きなことだけをしてきた自信があります。たしかに、とってもわがままだとおもうし、苦労とか困難に、進んで立ち向かおうとはおもいません。

むしろ、わがままってすごく素敵なことだな、とおもいます。自分自身のことをわかっていて、それを素直に放出することができる。「わがまま」が問題視されるのは、それを相手に押しつけたときです。

もし自分の望みを親や誰かに押しつけようとするなら、その原因は「好きなことばかりしているから」じゃないはずです。その子ども自身もまた、親やほかの誰かから押しつけられたりしてきた、その流れにすぎません。

「やりたいこと」がすべて楽なわけじゃない

そもそも苦労とか困難は、避けられるものなら、避けていいとわたしはおもっています。そんなものに時間や精神を費やす必要はない。でも、絶対に避けられないものもある。

それは、「自分がやりたいこと」にくっついてくる苦労とか困難、つまり嫌なことです。それだけを取り出してみれば、本来やりたくないこと。そういうものは避けられません。それがなくちゃやりたいことはできないし、それが必要だとわかるからです。

たとえば料理をするためには、レシピを探したり、買い出しに行ったり、準備して、後片づけもする。デコレーションケーキをつくるためには生クリームを泡だてるだとか、「こんなのやりたくないなー」「めんどくさいなー」とおもったとしても、やっぱりそれは必要なことだとわかっているから、やる。ドライブがしたくて免許をとる、そのためにお金を生み出して、教習所に通う、とか。お金が欲しいから働く、ということもおなじです。

楽しいことかもしれないけど、決して楽なことじゃないはずです。そんな経験を積んで、成長しないわけがない。そして、そうやって育ってきた子どもは、人のせいにすることがありません。

誰かから強制されたり誘導されたりせず、自分がやりたいことを、自分でやって、それで失敗したり満足がいかなくても、人のせいにする余地なんかないものです。立ち止まって、誰かに責任をなすりつけるよりも、次へ行こうとする。もっと、楽しいほうへ。

7　算数ができなくても大人になれる

勉強をしないことが未来を狭めはしない

もう一つ、飛び抜けて多い質問が、「勉強していなくて大丈夫なのか？」というものです。世間的に誰もが知っていて当然のことも知らないで、ちゃんとした大人になって、ちゃんと社会に出られるのか。義務教育くらいは受けておかないと、将来後悔するのではないかといった不安。社会のなかで一人の人間が生きていくために必要なものは、なんでしょうか。

普通なら知っているはずのことを知らない、ということがなぜ不安なのか。義務教育を受けていたら、どうして安心できるのか。

人は、自分に必要な知識を、誰に誘導されなくてもちゃんと自分で身につけていきます。それは子どもであっても、大人であっても変わりありません。

わたしは出会う大人たちからことごとく「しっかりしてるね」だとか「大人っぽい」という言葉をもらいつづけていて、13歳くらいのときには、大学生や社会人にみられたりしていました（さすがにそれはないだろうとおもうのですが、年齢を言うと本気で驚かれる）。

でも、大人っぽいと言われても実際はといえば、一桁の足し算でも指を折って数えたり、電卓がなくちゃ引き算もままならないような状態でした。いまもあんまり、変わっていませんが。

それは、自分にとって計算能力が必要じゃなかったというだけのことです。もしもそれがすごく不便だったり、知らないことを恥ずかしくおもったり、そういうなんらかの理由で計算ができるようになりたかったのなら、そのときわたしはできるようになっていたとおもうのです、絶対に。それはもしかしたら小学生のときだったかもしれないし、30歳のときかもしれないし、そんな日はこないかもしれない。勉強していないことが直接的に未来の幅を狭めるなんてことは、ありません。

必要になったときが必要なとき

年齢を重ねてしまえばみんなが大人と呼ばれるし、幼いうちは誰もが子どもと呼ばれる。自分を大人たらしめているものが義務教育の経験だとおもっている大人を、わたしは見かけたことがありません。

わたしが聞く大人の条件みたいなものっていうのは、「自分の仕事で生活ができること」であることが多いようにおもいます。会社勤めというだけじゃなくて、主婦でも誰かのヒモでもホームレスでも、自分の能力と意思で生活をつくっていけること。それは必ず人それぞれのはずで、算数やなにかが必要になるかどうかも、人それぞれのはずです。

そもそも、学校でするような勉強は子どものうちでなくちゃ学習できないものじゃありません。

自分が知らないものに幅広く触れることができるとか、考える力が身につくというけど、それは勉強でなくちゃつかないものじゃない。得られるもの、しいていえば、がまんのしかたとかそんなんだろうか。

だったら、「必要になるかもしれない」から子どものうちに、がまんをしながら勉強しておくよりも、必要になったときに勉強すればいいんじゃないかとおもうのです。

大人はやっぱり子どもよりも経験や思考力が育っているから、なにより自発的にやることだから、ものすごく短期間で習得できるはずだし、楽しい。少なくとも、わたしはそうでした。

学ぶことも働くことも自分を幸せにするもの

大人はやりたくない仕事をがんばるように、子どもは勉強をがんばるのが仕事、みたいな風潮があります。勉強って本来めちゃくちゃ楽しいもので、それが学校によって、耐えなきゃならないものになるのはすごくもったいないし、悲しいです。

仕事というのもまた天命みたいなもので、自分を幸せにするものじゃないかとおもうのですが、それにいっぱいいっぱいになってしまっている大人が多いのも事実です。それこそ、子どもにとっての学校みたいに。一見、自発的なものにみえる就労も、たどってみれば学校からはじまって、おなじ線上にあるものだから、それも最もなことではあるのですが。

知らないことを知るのも、興味のあることをどんどん深追いするのも、本当に楽しい。

そして、学ぶことは感動的で美しいし、心身が歓ぶ。人ははじめから、そういうふうにできているとおもうのです。

8　将来に不安はない

未来に正解をもたない

ほとんどの人は将来について、すごく考えています。考えすぎじゃないかなとおもったりするくらい、よく考えている。しかも、それは、こうなったらいいな、という希望ではなくて、少なくともこれくらいでありたい、とか、どうも不安や心配からくる想像であることが多いな、と感じます。同時に、そのほとんどは「職業」のことを指しています。

一般的な視点から見ればレール上からそれたような生き方をして、将来に不安はないのかと聞かれたら、ない、としかわたしには答えられません。それについて、どんな人にでも納得してもらえるような理屈もありません。ただ言えることは、昔もいまも、その時点より先をみていなかったなということです。あるいは、未来に一つきりの正解をもっていなかった、ということ。

計画性がないといえばそれまでなのですが、でも、成功を設定するということは、逆に窮屈になる場合もあるんじゃないかな、という気がする。こうだとおもってきたけどやっぱり違うな、あっちだな、と感じてすぐにハンドルを切れる人ばかりではないのだと、世の中をみていて感じます。

もちろん目標のために、その地点に向かっていまを決める（それこそ受験勉強だとか）こともありますが、それは「将来に不安はないのか」という言葉が指しているものとは全然ちがうものです。

どんなふうに過ごしていきたいか

その言葉は、ただ未来のこと、というのではなくてよくある「将来なにになりたい？」という質問とおなじことを指しています。何者かにならなくちゃいけない、というふしぎな脅迫。このままだと、働いて十分な収入を得られるちゃんとした大人になれないかもしれない、何者にもなれないかもしれないことに不安はないか、社会的地位を得られない不幸な未来についてどうおもっているのか、というようなことです。

わたしは、なにせ毎日が楽しくてしかたがなくて、幸せで、いまもこの先も自分が幸せであることを、どうしても疑えません。そういった質問をする人たちが浮かべているような正解のイメージどおりの立派な大人になれなくてもかまわないし、「なにになりたい」という、ごくごくわかりやすい職業そのものが幸福と手をつないでいるともおもえないのです。

わかりやすい肩書きのない職業も、これからいっそう増えていくことでしょう。なにになりたい、ではなく、どんなふうでありたい、ということならわたしはすぐに答えられます。

それは、いつでも、そのとき楽しいとおもうことを、そのとき自分が幸せでいられることだけをして過ごす、ということです。

これもそのうちに変わっていくのかもしれませんが、なにをしているにしても、何者になっているとしても、素敵な日々がずっと続くことに絶対の自信があって、わたしはそれで十分だなあとおもっています、いまのところ。

第2章　17歳にしてはじめての勉強

1　九九もできない自分が6ヶ月で大学に合格できたらおもしろい

「大学に行こうかな」

そもそもわたしは17歳の夏のある日まで、大学へ行くつもりなんてまったくなくて、はじめから、高校へも行きませんでした。

11歳でデモクラティック・スクール（サドベリースクール）を卒業してから、（スクールでは卒業のタイミングも自分で選びます）、12歳のときに「デモクラティック・フィールド のらねこ」というコミュニティを共同で立ち上げ、ずっといろいろな形でオルタナティブ教育に関わりながら、アルバイトもしながら、好きなように活動していました。

それで、ある休日に、家で母親と二人でお昼ごはんを食べて、食後のコーヒーなんか飲みながらまったりしていたとき、急に「大学に行こうかな」と言い出したのです。

そのときそれを言い出すまで、どんな話をしていたのかもよくおぼえていないくらいで、ものすごいきっかけがあったということでもありません。

当然といえば当然ではありますが、「なんで大学に行こうとおもったのか?」と、よく聞かれます。

小学校一年生から学校に行かず、かといって学校以外の場所で勉強してきたわけでもなく、興味もなかったのに、どうして突然大学へ行くのか？　と。

やりたくなったことはできること

動機を、取り繕わずに、いろんな誤解も恐れずに正直に言うと、「これまで学校の勉強をまったくやらずにきた自分が、６ヶ月で大学に現役入学できたらおもしろい」という気持ちでした。

もともと、関心のある分野について、大学という場所で学ぶことには興味があったのですが、少なくともその日まで実際に、行こう、学ぼう、とはおもっていませんでした。

でも、一度思い立ってしまったら、いてもたってもいられなくて、すごくおもしろくなってきて、大学試験のことや高等学校卒業程度認定試験のことをかたっぱしから調べてみた、それが8月半ばのことです。

次の春には自分が大学生になっていることを想像すると不思議でおもしろかったたし、あまり現実みもなかったけど、でも絶対にできる、とおもいました。

イメージできることというのは、それが本当になるだけの準備がもう自分のなかにあるのです、きっと。

それと同じで、イメージできないことは、いまの自分にはその準備ができていないこと。

それで、強く強くイメージすれば本当になるということを信じられたら、それはきっともう自分のもので、求めたものはきっと手に入るのだとおもいます。

わたしのいままでは、だいたいそんな感じでした。

大学へ行くということも、例にもれず。

2　小中高12年間の勉強を2ヶ月半でやる

高等学校卒業程度認定試験とは

大学へ行くために、というか大学入試を受けるためには、わたしの場合はまず「高等学校卒業程度認定試験」（高認）というものに合格しなければなりませんでした。

高認は、大学入学資格検定（大検）を前身にあたらしく設置された、文部科学省による国家試験です。

これを利用すれば、高校を卒業していない人も、高校卒業と同程度の学力があると認められます。そうすると、大学や専門学校、国家資格なども受験することができます。この試験は、夏と冬に実施されていますが、わたしが大学へ行くことを思い立った8月には夏の試験はすでに終わっていて、もうすぐ冬の試験の出願がはじまるころでした。ちなみに結果が出るのはだいたい試験の1ヶ月後くらいで、わたしが受けた11月の試験であれば12月に結果が届きます。

かの有名な（自分に縁があるとはおもいもしなかった）センター試験は1月。大学試験も一般入試なら1月あたりで出願することができます。それを考えると、あのとき瞬間的に思い立ったわたしのための、完璧なスケジュールだ！　とおもって、いっそう楽しくなりました。いや、そんな突発的なぎゅうぎゅうの日程で、完璧もなにもないのですが。

・高等学校卒業程度認定試験　概要

満16歳以上であれば、大学入学資格のないほとんど誰でもが受験することができる。合格のための科目数は、選択によって８〜10科目（２０１３年当時）。

・国語総合
・数学Ｉ
・英語Ｉ

・世界史Ａ　ｏｒ　Ｂ
・日本史Ａ　ｏｒ　Ｂ　あるいは　地理Ａ　ｏｒ　Ｂ
・現代社会　あるいは　倫理＋政治・経済
・理科総合、物理Ｉ、化学Ｉ、生物Ｉ、地学Ｉのうちから２科目

これが年に２回、８月と11月に行われている。上記の科目すべてに合格すると、高認資格を得ることができる。

勉強は遊び

中卒の子が、とか、低偏差値から名門大学に行った、という話はときどき耳にすることがありました。けれど、小学校からずっと学校へ行かず、勉強もせず、好きなことだけをして遊んできた子どもが、17歳になってはじめて、２ヶ月半で小中高の勉強をし、その３ヶ月後には大学に合格した、という話は聞いたことがありません。

わたしはこれまで、一度も勉強をさせられたことがなかった。だから、勉強を嫌いになったこともありませんでした。

小中高の12年間の勉強を、一気にぎゅっと詰めこんで圧縮して、ここから６ヶ月で大学に行くんだ、とおもうと、それはそのときのわたしにとって、とてつもなく楽しい、おもしろい、絶好の遊びだったのです。

3　算数は20時間、数学は12時間で終わる

九九は1、2時間でおぼえられる

勉強をするといってもどこからなににどう手をつけていこう、という状態から、試験までの約2ヶ月半がはじまったわけですが、なかでも困ったなとおもったのは数学でした。一年生のときに足し算、引き算くらいは習った覚えがあるけれど、わたしにとっての数学、というか算数は、それっきりだったのです。

たとえば歴史や理科なんかは、「知らない」状態ではあっても「わからない」わけじゃない。けれど数学の場合はまず、もう、問題の意味も読みかたもわかりません。

でも結果的に、わたしは小学校6年間で学ぶ算数を3日、約20時間で終えてしまいました。たとえば九九、「ににんがし」くらいは聞いたことがあったもののそのあとは知らないし、「九九は便利だよ」と言われてもどう便利なのかよくわかりませんでした。

「え、でも足し算すればよくない?」という感じで、つまりは、まったく興味がなかった。

それでも今回、まず九九を覚えたほうがいいと言われてやってみたら、結局1、2時間ほどでおぼえることができました(たびたび復習はしましたが)。それだけ聞けばものすごく、異様に早く感じるかもしれませんが、これって実はとても当たり前のことだとおもうのです。

なぜ算数に6年もの歳月をかけるのか

このとき、わたしは17歳でした。17歳になってはじめて、大学へ行くために、算数を自ら学ぼうとした。対して、小学校では6歳から、子どもからすれば実際にどんなふうに役立つのかもわからない計算問題を、くりかえし、くりかえし、解く。

6歳や7歳と17歳では、やはり理解力も全然違うし、実際に計算が必要になる場面も多いものです。そしてなにより、自分がやりたくてやっていることと、大人たちから強制的に学習させられるのとでは、それはもう、天と地の差があります。

ゲームが好きな子どもが、親に止められるまで毎日、毎日やり続けられるのは、それが「やりたい」ことだからです。日が暮れるまで友達と遊んでいられるのは、「やりたい」ことで、「楽しい」ことだから。それは大人になってもおなじのはずで、やりたくない仕事にはなかなか続かない集中力も、好きな趣味には没頭できる人がたくさんいるんじゃないかとおもいます。

ゲームも算数も、違いこそあれ差があるわけではありません。「やりたい」とおもったわたしが、だいたいの理解力もそなわった年齢になってから勉強すれば、どうやったって6年もかからない。

しかも、学校という場所では、すべての子どもたちに勉強させなければいけないわけです。個性が大事だと言いながらも、すべての子どもに、まったくおなじタイミングで、まったくおなじ量の勉強をさせる。

6歳そこらの、すべての子どもたちに、全然やりたくない、おもしろくないことを、体に染みこませられるくらい絶えず詰めこんでいくには、6年という期間が必要になるんでしょう。数学だけじゃなくて、学校が与えることはなんでもそうです。いつも一定の時間に起きて登校する、そのなかで決められたとおりに動く、という「社会人の基本」みたいなものも。

数学は12時間で

20時間で6年間の算数を終え、そのあとの数学（算数以上にチンプンカンプンだった）にかかった時間は、それよりも短い12時間ほどでした。

算数は独学でしたが、この2ヶ月半の期間で、ほかの7教科の勉強もしながらまったく未知の数学も、というのは悩みどころで、結局、全8科目のなかで数学だけは塾で教えていただくことにしました。バイト終わりに塾へ行って、1時間、マンツーマンで教えてもらう。それが週1回で、全12回。時間にすれば12時間です。

もちろん1週間のあいだに復習予習の時間もとりましたが、きっと今まで受け持ったどんな生徒よりも低レベルだったわたしに、丁寧に教えてくれ、なおかつ自信を持たせてくれた先生の技量に感謝するほかありません。なんだかすごい画期的な学習法を行ったとかではなくて、ただひたすら、丁寧に理解させてくださりました。

そのおかげで、楽しいまま勉強ができたのだと、いまあらためておもいます。この場を借りてお礼申し上げます。本当にありがとうございました。

4　国語と現代社会は勉強いらず

はじめて解いた過去問で余裕の合格点

この章の二つめのところ（「小中高12年間の勉強を2ケ月半でやる」）で記載した科目のなかで、わたしは国語、数学、英語、世界史A、地理A、現代社会、生物Ⅰ、地学Ⅰを選択しました。そのなかで、ほとんどなにも勉強しなかったと言ってもいいのが、国語と現代社会です。

高認を受けることになって、まず勉強をはじめる前に、どんなもんだろうかとひととおりの科目の過去問を解いてみました。はっきりとした数字はおぼえていないけれど、その時点で国語と現代社会はどちらも80点台だったのです。まだなんにも勉強していないいま、この点数がとれるなら、ほかの教科に時間を費やそうと、あとは二、三度、過去問を解いたっきりでした。

それでも実際の試験結果では、国語はA判定、現代社会はB判定が出ました。

国語は勘で大丈夫

国語は、現代文・古文・漢文という定番ものです。少なくとも現代文は、だいたいの人が満点をとれるんじゃないかなあ、という内容です。ざっくりといえば。古文・漢文に関しては、わたしは高認を受けることになってはじめて触れたのですが、それでもだいたい半分くらいは勘で当たります。4択なので。配点としても、現代文を落とさなければ合格点に達するので、よほど苦手意識がなければおそらくほとんどの人が受かります。わたしもそうですが、本が好きな人だったらなおさら、無勉強で大丈夫じゃないかなとおもいます。

勉強しなくていい科目とは

現代社会は、問題を読み間違えることなく、知っている単語をなんとなく当てはめつつ、そして延々と続くグラフ問題に嫌気がさして放棄さえしなければ、合格点がとれます、本当に。

はじめて高認試験を受けようという人がいたら、とりあえず先に過去問を解いてみるといいとおもいます。

過去問は、文部科学省の高認試験公式サイトでも公開されています。それで過去2、3回分の問題を解いてみて、それほど解答に悩むこともなく安定して（だいぶ余分に見積もって）70点台がとれたら、その科目は勉強しなくてもいいはずです。

もちろん、100点をとりたいとか、勉強がしたければ好きなだけすればいいのですが、合格ということだけであれば。

5　ひたすら過去問を解くに尽きる

ｂｅ動詞ってなんだ？

国語や現代社会と違って、数学のほかにも、英語、世界史Ａ、地理Ａ、生物Ⅰ、地学Ⅰの五つはさすがに勉強しないと合格点がとれませんでした。当時の生活をふりかえってみると、たしかにずっと勉強していたなあ、とおもいます。

そのころ、平日はほとんど毎日、朝から夕方までアルバイトをしていました。だから平日に勉強していたのは、朝起きて家を出るまでのあいだで20分くらい（暗記したり過去問やったり）、バイト先までの電車のなかで往復1時間くらい（主に暗記）、あとは帰ってきてから就寝前までです。

家では、気分がのれば6時間以上、そうでないときはちょっとやってみて、全然関係ないほかのことをして遊んだりしていました。試験日は土日だったので、前日までずっとこんな感じでした。

たとえば英語は、外ではひたすら単語をおぼえていましたが、なにせ本当に全然勉強したことがなかったから、いくら高認が簡単とはいえ、文法なども最低限は勉強しなくてはなりません。

そのときのわたしは、ｂｅ動詞さえもなんのことだかわかっていませんでした。

「主語＋動詞」の意味からよくわからなくて、中学英語をまとめた参考書（これが笑ってしまうほど丁寧でやさしくて、それくらいのものじゃないとわからなかった）を見ながら、ノートをつくっていました。名詞とか装飾語とか、助動詞とか……。はははあ、なるほど、とかつぶやきながら。でも試験では結局ほとんどもう勘みたいな感じになってしまって、いちばん危うかった科目です。ほんと、すごく運がよかった。というのは、英語に限ったことじゃありませんが。

なにかを知っているってことはすごく楽しい

生物、地学は絵図入りのわかりやすそうな参考書を一冊買って、ひたすら読んで、ノートにまとめて、とにかく過去問を解いていました。

高認は本当に似たような問題が毎年出るので、過去問をやればやるだけいい。それでもし全然知らないようなところから問題が出ても、「似たような問題」のほうを外さなければ、だいたい合格点くらいはとれてしまいます。そして、生物とか地学とか、それまでまったく触れたことがなかったもののことを知ると、案外その用語なんかが、テレビや本や、ネットでも、いろんなメディアでふいに出てきていることがわかって、すごくおもしろかった記憶があります。マントルだとか、ハッブルの法則だとか。なにかを知っているってことはやっぱりすごく楽しいな、とおもいました。

試験ではおさえるところだけおさえておく

世界史についてもそうです。わたしの家庭はやたらと、もはや中毒というくらいの旅好きで、日本も外国へもよく行っていて世界の歴史は好きで興味があったし、ほかの科目にくらべればある程度の知識はありました。でもそれは部分的なものだったので、知っていることは楽しいけど、知っていくことも、すごく楽しい。いままでに行ったところの歴史を知るのも、格別におもしろいです。世界史の勉強はどうしてたかな、と思い出してみると、やっぱり高校の教科書みたいなものを買って、それをずーっと読んでいました。おもしろかったです。で、例によって過去問を解く。

高認では細かい年号をおぼえる必要はそんなになくて（そのあとセンター試験や大学受験をするならついでにおぼえておけばいいけれど、とりあえず高認だけを考えるのであれば）、おさえておくのはざっくりした年代と出来事と人物、というごく基本的なものばかりです。

あと、地理に関しては世界史と地学の応用（と勘）でだいたい解くことができたので、過去問はやりましたが、とりたてて個別に勉強はしていませんでした。

一度にとるか、複数回に分けるか

なんにせよ、高認はひたすら過去問をやるに尽きます。販売されているものなら問題の解説がついていたりするから、ある程度の勉強をしてきた人ならそれだけでも十分かもしれません。

人によってもタイミングによっても、どの科目をどれくらい勉強しないといけないかとか、毎日やらないといけないか、ということも異なってきます。一度で合格するのであればバランスよく勉強したほうがいいだろうけれど、何回かに分けることもできるので、その場合いくつかの科目だけを集中的に勉強するのもいいとおもいます。

6　高認試験は簡単

とても良心的な試験

高認試験はとにかく簡単な試験です。学校入試のように受験生をふるいにかけるものではなくて、どんどん合格させてくれる。実に良心的な制度です。

合格のために１００点を目指す必要はないし、実際の合格点はだいたい40点くらいだといわれています。しかも定員もない。余裕をみても60点くらいとれば、合格できます。

また、一度にすべての科目に合格する必要はありません。複数回にわけて、最終的にすべての科目に合格すればいい。そして、もう一つ圧倒的に簡単な理由は、「高校卒業」と同程度の学力と認めてくれるにもかかわらず、どの科目も試験範囲はなんと高校一年生あたりまで、ということです。

自然とたくわえていた知識にちょっとつけ足すだけ

試験はすべてが４択問題で、そのうちの半分くらいは「ありえない」選択肢です。

「紀元前21世紀以前からエジプトにあった建造物を選べ」とかいって、正解であるピラミッドのほかに万里の長城とか、サン＝ピエトロ大聖堂とかがあったりする。しかも例年だいたい似た問題ばかりが出ます。ほんとにそれでいいのか？　ひっかけ？　という感じですが。

さて、17歳にもなれば、生活してきたなかで自然といろんな知識をたくわえています。読み書きもそうだし、よほど専門的な用語でもなければ、なんとなく聞いたことがある。そういう、十数年間で自然とたくわえていた知識だけでも、十分通用するのが高認試験です。あとはちょっと知識をつけ足すだけでいい。生物のあの細かい絵図に鳥肌をたたせながら（ああいうのがなんとなく気持ちわるい）、地学で宇宙の写真におののきながら（ああいう壮大な写真をみるのがこわい）独学で勉強したわたしでさえ70点くらいはとれていたので、きっと大丈夫です。

高認をうまく使う

高認は高校在学中でも受けることができるし、本当に学校（高校はもちろん小学校でも、中学校でも）がつらいとか、大学に行きたいとか、国家資格を取得したいとかなにかがあったら、これを利用するという選択肢も頭に入れておけばいいとおもいます。

高認は、使いみちがなければ、とことん必要のないものです。でもこれを利用することで、未来がぐっとひらける人もいる。

自分が本当に必要としているなら、なんでもできます。それにかかる時間はものによってもちろん全然、異なりますが。

でも、少なくとも高認は、小学校から勉強してこなかったわたしが、２ヶ月半で合格できた。多少なりとも勉強してきた人ならもっと、高校生なんかだったりしたらなおさら、簡単なはずです。

7　6ヶ月で大学に合格するために必要なもの

学びたいという気持ちがあってこそ

高認試験が終わってからは、すぐにセンター試験の勉強に取りかかりました。合否通知が届くまでの1ヶ月間、万が一不合格だったらこの勉強も必要ないかもな、なんておもったりしながら。でも本心では、それよりも、春には大学生になっているという強いイメージがあったのです。

「合格できたらおもしろい」という気持ちではじまったことではあるのですが、いま考えてみると、それを実現することができたのは、その先の、学生になって自分の興味のある分野について学びたいという気持ちがあってこそだったな、とおもっています。そうでなければ4年の膨大な時間とお金と、そのほかいろんなものを注ごうという気にはなれません。

実際、6ヶ月というのは極端な例です。勉強に時間をかける必要はないって、そういうわけではありません。

わたしが行きたかった大学は芸術系のところで、偏差値をみるなら頭がいいとは言えないし、だからこそ短期間で合格できたことは確かです。けれど、これはもしもの話で、実際にやってもいないでそんなことを言うなといわれればそれまでですが、いわゆる一流の大学に、それこそ東大だとか京大に、もしわたしが本当に行きたいとおもっていたら。そうしたら、たぶんわたしは浪人して、ほんとに行っていただろうなとおもうことも、確かです。

やりたいことをやり遂げる力

なんにしても、大切なのは、それが心から「やりたい」ことだ、ということです。やりたいことをやるのは、絶対に楽しい。やり遂げたいことだったら、自ら努力する。わたしの場合は、それが「行きたい大学に入学すること」だったという、ただそれだけなのです。

やりたいことをやり遂げる力、みたいなものは生まれつき誰もが持っています。子どもが、その力や才能を損なうことなく育んでいけるかどうかは、その子の家庭環境、つまりは親次第と言って過言じゃありません。

もちろん、どんな家庭環境であっても、損なうことなく才能を大いに発揮していく人もいます。でもわたしのような家庭環境や、デモクラティックスクール（サドベリースクール）教育のなかで育つことができた子どもは、わたしの知っているかぎり、みんなが、その力や才能を発揮しています。もしわたしが誰かに強いられて受験していたら、合格できませんでした。というか、絶対にどうにかして投げ出していた自信があります。

やりたいことだったから、楽しくて、進んでいくことが喜びで、辿りついてからもまた新しいものが見えてくる。楽しいことって、際限がありません。

8　子どもが感じることはいつも正しい

学校の勉強にはどんな意味がある？

小学校に通いだした子どもが、「なんで勉強しないといけないの？」と親に尋ねることは、そう珍しくありません。そのたび、親は子どもの疑問を受け流すような、芽を摘みとるような答えしかくれないことも、珍しくありません。「そんなことは考えなくてもいい」とか、「大きくなったらわかる」とか。

でも、答えが出せないのはしょうがないことだ、ともおもう。きっと、その親自身もまた、かつて自分が子どもだったときにふくらんだ疑問や不思議に、答えをもらえなかったのかもしれない、そうおもうのです。

学校で学ぶこと、とくに勉強というのは、すぐにはその価値がわからなくても、将来の自分のためになるものだといわれます。でも、本人が価値を見出せない学びに、どんな価値があるんでしょう。

勉強っていうのは、そのとき自分自身が求めたからするもので、だからこそ自分自身のためになるし、豊かさや、学ぶことの美しさみたいなものが輝く。子どもはそれをはっきり感じとっているから、「どうして勉強しないといけないのか」なんて疑問が生まれてきます。子どもが感じることに間違いはないのです、きっといつでも。

考えつづけること、感じつづけること

学校で、すべての子どもたちがまったくおなじタイミングでおなじ量の、おなじ勉強をさせられるのは、学校が子どもたちを画一的に育成したいからにすぎません。工場で生産される製品みたいにして、カリキュラムから、生活リズムや、食事までも管理して、たった一つの形に揃えようとします。

それは子ども自身のためなんかではなくて、一人ひとりのすばらしい人生のためなんかではなくて、この社会を（国と企業にとって）理想的に動かしていくための、その歯車の一つをつくっている。そして、恐ろしいのは、その恐ろしさや危なさを感じなくなる、ということです。

「考えること」ができなくなったら、人は自分よりも大きな存在（だといわれるもの）に従わずにはいられなくなるかもしれません。いろんななにかを「しかたがないもの」だとおもって、そういうものだ、と思考を止めてしまう。学校はこうあって、親は、社会は、世の中はこうある。自分にとって正しいか正しくないか、自然か不自然かではなくて、考えてもしかたがない、と。

でも、どんなに摘みとられてしまったとしても、考えることや、感じることは、人の内からなくなってしまうものじゃなくて、きっとそれがあるから、人は人として存在していられるんだとおもうのです。それってすごいことで、わくわくしませんか。

わたしはとてもわくわくしてきて、なんとなく強い気持ちになれます。誰もが、楽しく、ほんとうに豊かに、生きられる世の中がいつか来るようにおもえます。

9　大切なのは「大学に行く」ことではなく「大学にも行ける」こと

大学へ行くことは「正しい」ことじゃない

小中高に行っていなかったけど大学に行った、という話をしたところ、「結局大学には行きたいんだね」と言われたことがあります。それは、その人自身が、大学に行くということを「いいこと」みたいに見ているんだろうな、とそのときおもいました。

大学に行くとか行かないとかは、別にどうでもいいんです。それはわたしが学校に通わないことを選んだのとおなじことで、どっちが正しいとかいう話じゃない。小学校一年生から行かない、みたいな極端な選択をする必要もない。

わたしが今回大学に行ったことで明確なのは、学校に行かないなんて選択をしてきても結局は学校、つまり大多数の、安心のある（とおもわれている）ほうに行きたいんだ、ということではありません。

そうじゃなくて、それまで国の学校教育を受けてきていなくても、勉強をしてきていなくても、行きたくなれば行くことができる、ということです。

行ったからエラいとか、大学さえ行けばいいとかでは、なくて。

「いま、ここ」に軸をおく

やっておかないとあとで後悔する、とか、あとで困る、と言われるようなことはけっこうたくさんあります。たぶんその最たるものは生命保険とかの類じゃないでしょうか。学校の勉強というのも、日常的に頻出する。

あとで後悔するかどうか、困るのかどうか、どうしてわかるんだろう。未来がどうなるのか、完全にわかるなんてことはありえないはずなのに。

自分がそのときそのとき、やりたいとおもうことをやってきた人が、あとになってもしも後悔したとして、それで未来がつぶれてしまって真っ暗になる、ということはありません。

でも、未来に軸（正解ともいう）をおいている人に、おもったとおりでない未来が訪れたとしたら、それはたしかに焦るだろうし、困るでしょう。なにを間違ったんだろう、とおもうかもしれない。

それならはじめから未来でなく現在に軸をおけばいい。つまり、こういう未来や将来のためにいまあれやこれをする、ということをしないでいればいい。

「憧れ」や「夢」なら、それとは別ものです。

あんなふうになりたいからこんなことをしよう、とか、あんなことを仕事にしたいからこんな準備をしよう、とかいうのとは、全然、種類が違う。憧れや夢は、現在に軸があります。

いまの自分がこうなりたい、とおもっていること。自分の好きなものがわかっていて、求めることがある。それは本当に素敵なことです。

そのときの自分にとってのベストを選ぶ

実際に多くの場合求められる、いわゆる安心とか将来性というのは、いまを犠牲にしてでも未来の成功を求めています。しかも、本人の意思ではなく。

そういう環境で生きてきた人は想定されたその成功がかなわなかったとき、自分や誰かを責めるかもしれないし、犠牲にしてきた過去はなんだったんだろう、と虚しくなるかもしれない。いままではなんのためにあったのか。「成功」のためにやってきたことだったからこそ。

そういうとき、もし現在に軸をおいて、そのときそのとき行きたい方向へ、やりたいことをやって転がりつづけていたら、責めたり、虚しくなったりすることはきっとありません。「いままではなんだったんだろう」という気にはなりようがないものです。

そういう人は、すごく強い。踏み出すことを恐れないし、どんなところででも、新しいこと、新しい遊びを見つけられます。わたしにとっての新しい遊びの一つは、大学にいくこと（それから、そこで勉強すること）でした。

こうなりたい、とおもったものになれたらもちろん楽しいし、そうならなくっても楽しい。すべての人に価値があるように、すべての物事にも価値があって、そしてその価値は誰かに決めてもらわなきゃ生まれないようなものじゃないとおもうのです。だから好きなものを選べばいいし、それこそがいま社会が求めている（らしい）個性というものになるはずです。学校へ行くことも、どこの街に住むか、どんな本を読んで、誰と付き合って、なにを着て、食べて…。

第３章　学校と家庭

1　デモクラティックスクール(サドベリースクール)で得られるもの

結果を求めない学校

デモクラティックスクール（サドベリースクール）というのは、言ってしまえば、わかりづらいものです。誰かに説明するとき、ほとんどの場合、理解されがたい。それは言葉だけではどうしたって理解できないものだからでもあるし、渦中にいてさえ、なにをもって理解できたというのか、わからないところでもあります。でも、とても単純なことでもある。

前置きは第1章の「デモクラティックスクールとは」をお読みいただければとおもいますが、まずデモクラティックスクールでは成績や評価が一切つきません。だから、わかりやすい結果も見えなくて、いままでそれを受けてきた大人たちにとっては、たしかに信頼性も薄いのかもしれません。子どもたちはスクールで毎日、毎日遊んでいます。日常的な遊びっていうのは、すごく抽象的なものです。それがどんな未来に繋がっていくのかとか、子ども自身のなにになるのかとか、明確なことは見えません(従来の学校はそういう不安をうまくごまかしてくれる)。見える必要もありません。絵を描くのが好きだからって画家になるとはかぎらないし、すごくサッカーがうまくても一日中パソコンに向かって仕事をするようになるかもしれない。

とにかく子どもたちは、いつも自分が主体となって、自分がやりたいこと、遊びたいことを遊んでいます。自分を完全に信じている大人たちに見守られながら。

「人はみんな違って当然」

子どもは絶対に、なにかに興味をもっています。たくさんのものを、すごく、観察しています。大人が休日になにをすればいいかわからない、みたいなことはそう起こりません（ほんとは、誰にでもなにか好きなことがあるはずなんだけれど、わからなくなってしまう）。

それで、興味をもったことは、どんどん追求したくなる。それは算数かもしれないし（大人が喜ぶ）、漫画を読むことだったり（大人が喜ばない）、よく飛ぶ紙飛行機の折り方かもしれないし、はやく走ることだったり、上手に眠る方法だったりするわけです。そういうなにかは誰にでもきっと経験がある。時間や、労力をいとわないこと。デモクラティックスクールでは、それを学校という共同体のなかでやるのです。

ところで、「人はみんな違って当然」だと世の中では言われます。誰もが知っているその常識は、めずらしく、真実です。実際の世の中は、なかなか、真逆に突っ走っているのですが。

人はみんな違って当然だから、自分という存在のままで生きるし、他の誰かもそのままに、生きる。自分に絶対の自由や責任があるというなら、相手にもまたおなじように、ある。

だから、意見も対立するし、共感することがうれしかったりするのだとおもうのです。ごくごく、自然に。

自分が幸せならそのまわりも幸せになる

スクールでは、すべてのことが話し合いで決められていきます。

形ばかりの話し合いではなくて、自分たちに起きた大小の課題を解決するために、自分と誰かの望みや自由が守られる答えを、話をして、一緒に探します。

そういう、いまさらで当たり前なことが、誰でもわかっているようなことが、いまの世の中ではなぜか遠くのほうにあるな、と感じます。

誰もが幸せな共同体でありつづける方法はもうこれ以上ないくらいはっきりしているのに、それを避けて上下関係をつくって、従える側と従う側が生まれる。

それは手っ取り早く、円滑にものごとを進めていくための手段なんでしょう。親子も、そうです。

でも後になって、ないがしろにされてきたものたちがさまざまな問題になってあらわれてきてしまうのも、よくあることです。それでまたどちらかがなぎ倒されて、上に立つ人が変わるだけだったりする。

デモクラティックスクールで、いやでも染みつく、自分をあるがままに伸ばしていく力と、同時に相手のあるがままを尊重する力は、決してスクールのなかだけにとどまるものではなく、それから先もつづく人生そのものを自由にします。

それは、すべてをうまく運ぶはずだし、同時に自分も、そのまわりの人たちも幸せにすることにほかなりません。と、わたしは信じています。

2　デモクラティックスクールは「なにもない」ところ

自分のほんとうのこころを知るしかない

デモクラティックスクール（サドベリースクール）は、なんにもないところです。常になんにもないからこそ、なんでもある。

従来の学校には、あらゆる準備があります。目にみえるもの、聞こえるもの、知ること、考えることなど、など。デモクラティックスクールにはそういった準備がされていないのです。それはもしかしたら、人によっては、怖いことかもしれません。

スクールに通っていたころ、従来の学校のなかである程度の期間過ごしてきた子どもが訪れて、決められた席もないその場所で、どこに座ったらいいのかと戸惑っている姿を見たことがあります。どこに座って、いつなにをするか、どんな昼食を食べるか、食べないか。「模範」になりうるものがなに一つないということは、自分で選んで、自分で動くしかないということです。

そこではなに一つ間違いではないし、正解でもないし、善悪もないのです。だから、自信をもつしかない。自分自身で考えて、自分はどうなのか、なにが好きなのか、どうするのがいいのか、自分のほんとうのこころを知るしかないのです。そうしないと誰も、座る場所も、食べるものも、なにをして遊ぶのかも、なんにも教えてくれない。なにを選んでも怒られないし、喜ばれない。そういう場所で、誰かの顔色をうかがうなんてことは、とてもじゃないけど、できっこないのです。

誰もが持っている魔法

デモクラティックスクールのような、なにもないところではすべての可能性があって、その可能性たちはどれも、形になってスーパーの商品棚のように準備されているわけではありません。

目の前に並べられたいくつかの選択肢を吟味してみるのではなくて、まだ形もにおいもないものを、自分の想像力で生み出してみる。

そうやって生み出されたものはどれも一つきりで、絶対に自分を裏切らないし、愛しいものだし、喜びを連れてくるものです。手をかけて育てた、植物や野菜のように。

どれを買ってもおなじ形の、おなじ量が入っている完成品が並ぶスーパーではなくて、おなじ土地で、おなじ水や太陽を浴びながら育ったものでも形になってみると全然違う。世間で喜ばれるもの、喜ばれないものはあっても、それ自体にはなんの優劣もありません。

想像力の庭

想像力（創造力）は魔法みたいで、そしてそういう魔法みたいな力を、ほんとは誰もが持っています。それで、その力がなににも脅かされることなく守られて、軽快に、強く、自然と、枝を伸ばしていける場所だとおもっています。わたしが好きなデモクラティックスクールというのは。

3　そこにいるみんなが自分たちの学校を愛している

デモクラティックスクールを選んだ理由

いま学校を学校たらしめているものが、デモクラティックスクール（サドベリースクール）にはありません。けれどあの場所は、間違いなく学校だとわたしはおもっています。

先生がいるから学校なのではなくて、時間割やカリキュラムがあるから学校なのではなくて、自らそこで過ごすことを望んだ人々が、自らの好奇心にしたがってなにかを学ぶことができる場所が、学校なのだと、おもうのです。だから本当は、いま一般化しているあの学校のほうがよほど、学校らしくないかもしれない。

そして、あの学校に通わないことを選んだとしても、必ずや代わりにどこかの学校に行かなきゃならないなんてことはありません。どこかの学校に行かないのなら代わりにどこかの学校に通わなければならないというのなら、それは、ごく狭い選択肢にすぎないし、決して自由というものではありません。

だからこそ、わざわざそこを選んで来ている子どもたちは、みんな自分の学校を愛しています。

わたしがデモクラティックスクールを選んだのもまた、代わりを求めたのでもなんでもなく、ただただ、その学校が好きだったからに尽きるのです。

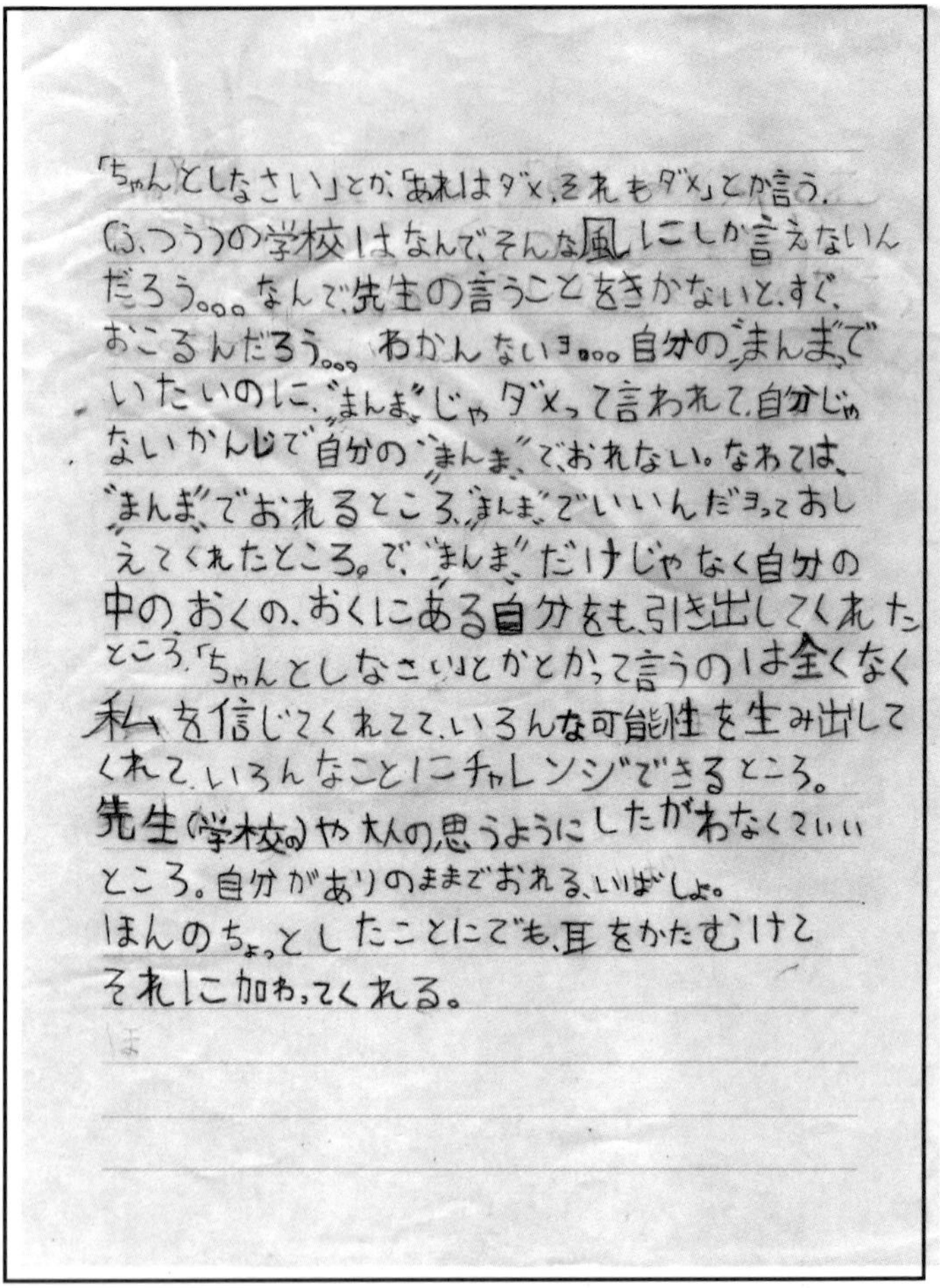
「ちゃんとしなさい」とか「あれはダメ、それもダメ」とか言う。
(ふつうの)学校はなんで、そんな風にしか言えないん
だろう。。。。なんで、先生の言うことをきかないと、すぐ、
おこるんだろう。。。わかんないョ。。。自分の"まんま"で
いたいのに、"まんま"じゃダメって言われて、自分じゃ
ないかんじで自分の"まんま"でおれない。なわては、
"まんま"でおれるところ、"まんま"でいいんだョっておし
えてくれたところ。で、"まんま"だけじゃなく自分の
中のおくの、おくにある自分をも、引き出してくれた
ところ、「ちゃんとしなさい」とかとかって言うのは全くなく
私を信じてくれてて、いろんな可能性を生み出して
くれて、いろんなことにチャレンジできるところ。
先生(学校の)や大人の思うようにしたがわなくていい
ところ。自分がありのままでおれる、いばしょ。
ほんのちょっとしたことにでも、耳をかたむけて
それに加わってくれる。
ほ

星山が6歳のころに書いたもの

4　学校よりも重要な家庭環境

家からはじまって家へかえる

さて、学校へ行かないことそれだけで世界がきらきらして、子どもが力強く、いきいきと、清新と育ち、どんなことにも自分の存在そのままでいられるのかというと、そうでもありません。

一般的に、子どもは学校へ行くし、大人は職場に行きます。

朝起きて、ごはんを食べて、家を出て、学校や職場で過ごし、また家に帰ってきて、お風呂に入ったり、ごはんを食べて、眠る。そこには家族がいる。そういう生活のなかで、「家」というのはどんなに大きな存在なんでしょう？

外でなにか楽しいことがあると、家に帰ってきて、母親や恋人にその話を聞いてもらいたくなるし、何か悲しいことがあると、愛されたくなって、案外それだけで満足できたりするものです。楽しいことが何倍にもふくれあがったり、悲しさを受け入れたりすることができるもの。共感したり、されたり、わかりあうことが、とにかく人を生かしていくんじゃないかと、わたしはおもいます。

親とのあいだの愛が満たされていることがなにより大事

子どもにとって、その共感者にあたる最たる人は母親で、代わりがいません。

母親の存在ははかりしれなくて、とりわけ幼いうちは、世界そのものみたいに大きい。どんなに辛辣な言葉や態度を受けても、子どもはお母さんについていこうとします。そして、ときにお母さんは、その一途さに甘えているのかもしれません。

子どもは母親に「育ててもらう」存在ではないけれど、でも実際にほとんどの子どもは、大好きな母親のもとで育っていきます。その方向や、タイミング、あらゆるものを親が親自身の理想に向かって導こうとするのか、それとも絶対的な愛と信頼でもって見守ってくれるのかでは、あんまりに違う。違って当然です。

世界がきらきらして、力強く、いきいきと、清新と育ち、どんなことにも自分の存在そのままでいられる子どもは、後者のような、そういう親のもとで育っていきます。親自身のための愛情に満たされていたら、どこでなにをしていたって、つらい。

どの学校に行くとか行かないとかいうことは、親からの澄んだ、純真な愛情が自分を満たしてくれる環境がなくちゃ、きっと意味がないものです。

まず、大事なのは、学校という環境よりも家庭、つまり親から受ける愛の、その形です。

お母さんが自分自身の恐れから解放されたとき（それは、自分のなかの固定概念や、大人が子どもよりも上の存在であるという先入観や、子どもの「いま」ではなく「将来」や「未来」に対する不安に絡みついていることが多い）、子どもは誇らしく生きられるんじゃないかと、そうおもいます。

5　母親からの１００％の愛情があれば子どもはマイノリティを恐れない

マイノリティかどうかは気にならない

肩書きというのは求められがちなものです、わかりやすいものとして。社長とか先生、専門家、会社員、学生、など、など。

わかりやすい肩書きがあるものというのは、ある程度の市民権を得たもので、だいたいの人が認知しています。聞きなじみのない横文字も、なんとなくいつしか浸透していく。

逆に、まだそういった肩書きのないものは、マイノリティであることが多いかもしれません。

いまでこそわたしにも「学生」という肩書きがつきましたが、18歳になるまで一度も学生を名乗れたことはありませんでした。そのせいか、いまもあまり肌になじまなかったりします。

学校をやめることも選ぶということも、残念ながら、まだ一般的なことではありません。不登校という言葉には、いまは言葉以上の意味がありすぎて、わたしは自分のことを不登校だと呼ぶには不相応だなあ、とおもっています。

自分について（この場合とくに学歴というものについて）、マイナスの感情、あるいは少数派であることの怖さとか、不安みたいなものをわたしは抱いたことがありません。自分が社会のある一定の枠からはずれていることは自覚していましたが、それは社会の渦流のなかにいないということにはならないし、正直あんまり少数派とかマイノリティとか、考えたことがなかったんです。

そういうところにいると、(いわゆる大多数の人たちとよりも) おなじような種類の人たちと出会うことのほうがよほど多いし、わたしはその人たちのことも自分のことも大好きだし、自分なりに誇りもある。

いつも、なんでも、人間は主観でしか見られないわけで、ほんとに心底気にしていなかったんだな、とおもいます。こう書いてしまうと、えらくお気楽でご機嫌なものです。

すべては母親のおかげ

でも、それはほかのどんなものでもなく、わたし自身を愛してくれた母親のおかげです。

子どもは、どんなに「大多数」とか「一般的」とかから外れたところで生きるとしても、ほかの誰かから非難されるような生き方をするとしても、ほかの誰かに認められなくても、母親からの、ほんとの、100%の愛情があれば、それだけでもうなにも恐れることはありません。

そうでなければ、とてもやっていけない。そうでなければ、子どもが生まれたときから持っている、愛情を注がれるための器は空っぽのままで、それはあんまりに悲しい。

世界でいちばん好きな人が、どんな自分も愛してくれるという確信が、全信頼をおくことができるたった一つの拠りどころであることが、子どもにとってなによりも大切なんだと、おもいます。

6　反抗期はないほうが自然

抑えつけられていたものがいつか反発するのは当たり前のこと

反抗期は、ほとんどの家庭の悩みだといいます。最近ではもう、反抗期は誰もが通る道だから、そのうちおさまるから、あんまり気にしなくていい、なんてことまで耳にします。わたしと兄は、反抗期を知らないまま成人しました。それはたまたまで、ラッキーなことなんでしょうか。

思春期と呼ばれるころになるまで、つまり反抗できるようになるころまで、親から、学校から、子どもはたくさん抑えこまれてきています。それは毎日毎日起こっていて、自然すぎて気がつかないくらい、日常にあふれかえっています。「お風呂にはいりなさい」とか「部屋を片づけなさい」、「言うことを聞きなさい」とかいった、家庭のなかでもう口癖みたいに出てくる命令のことば。あるいは勉強や宿題、髪の長さや色にもルールをつくる学校。

それは子どもを正しく導こうとするものらしくて、よりよく、りっぱな大人にするためのものらしい。本当にそうなのでしょうか。

部屋を片づけなさいねと小言みたいに教えられてきたら、人は部屋を片づけられるようになるんだろうか。髪を染めちゃいけないと抑圧されてきた子は、反抗の手段として、あるいはそのルールがある場所を離れたら、とりあえず染めてやりたくなるものではないんだろうか。

育つまま育つよりも幸せなことはない

子どもは導いてやらないといけない、とかいって大人が干渉するのは、子どもを尊重しないで、信頼しないでいることと変わりません。

人は自分で育っていく力を生まれつきもっていて（生まれる前からか）、きっとそれは子どもをみていたら、いちばんよくわかるものです。

外へ出る方法とタイミングをはかりながら生まれてきた赤ちゃんは、まわりの人たちの愛をうけて、ごはんを食べるとかお風呂に入るとか、おむつをかえてもらうとか、誰かの力をかりながら、一人でに大きくなって、立って歩くようになって、しゃべるようになる。

そんな奇跡的な、圧倒的な力を持ったいきものが、自分が枝を伸ばしていく方向をちゃんとわかっているいきものが、大人の誘導がなくちゃ自立できないなんてわけがありません。

植物は、伸びていこうとする方向の先で厚くかためられたアスファルトを、やがて突き破っていきます。そういう力を、絶対に子どもはもっています。

それなら、はじめっからアスファルトで固めるなんてことをしなければいい。そしたら、なんにも、誰も傷つくことなく、悠然と美しく育っていくのです。

育つまま育っていくよりも幸せなことは、ないとおもう。そういう親と子は、そのまわりの人たちは、きっと幸せです。

7　子どもにとっての「自慢の母親」になる方法

相手のなにを愛しているのだろう？

わたしは自分の母親がほかの誰よりも大好きだし、一人の人としても、誇らしく、自慢げに、すばらしいんだと、うれしく言いふらすこともできます。わたしにとって、ここよりも幸せな場所はないんだとおもえる。そうおもえるのは、どうしてだろう。

母親と子どもはどうしたって特別な関係です。だから、日ごろどんな態度をとっていても、だいたいの子どもは母親のことを愛している（きっと母親もそうなんでしょう）。抗いようのない愛情があって、けれどそのうえで、親を敬わない子どもがいるとしたら、それは親が子どもを敬っていないからじゃないかとおもいます。

母と子は、生まれてからも、おなかのなかにいたときのように、まっすぐつながっています。だから、子どもはたぶん、母親から愛されたのとおなじだけの愛情を母親へ還すことができる。

もし母親が、子どもが持って帰ってきたテストの点数とか、成績とかいったものに誇らしさを見出すのなら、子どももきっと、たとえば料理が上手だとかきちんと掃除してくれているだとか、あるいは「やさしい」「きれい」とか、そういうことでもって母親を誇らしくおもうんじゃないか、という気がします。夫婦関係でもおなじかもしれません。

それは、その人自身ではなく、その人がもたらす効果、能力を見ているということです。たとえば、もしもそれがふとした拍子に失われてしまったら、どうなるんでしょう。

100%の愛情は、100%信じられる

愛はやさしいものかもしれないけど、やさしさは愛ではないのです、きっと。やさしさは、誰かがそれを「やさしい」と言ってくれなければやさしさとは言いがたいし、こちらとしてはなんの気なしにやったことが「やさしい」と言われてしまったら、もうそれは全然やさしくない。

なんにせよそれらにはよく、評価がにじんでいます。すべてがそうというわけではないけれど、一般的に、親と子の場合はとくにそれが顕著だったりします。

「やさしい子」は、「いい子」とほとんどなにも変わりません。いい子なのはすばらしいこと、やさしいのはいいこと、といったふうに。

でも、本質的に人は、誰かにやさしくしたいものじゃないか、とおもいます。それはたぶん人の本質が愛だからであって、そしてその愛というのは誰かに向けるためのものじゃなくて、その人自身の愛にふれる、ということなんじゃないでしょうか。

わたしが、母親として、人として、彼女のことを尊敬し、存在に感謝することができるのは、きっと彼女もまたおなじように、わたしのことをおもっているからです。そして、恐れもわずかな疑いもなく、それが確かだと、信じられるからです。

8　子どもが母親に求めるたった一つのこと

使い古されたことば

母と子は世界中で唯一の、他人じゃない他人です。相手にとって自分が特別だということをどちらも疑うことができない。そんな人との関係は、なによりも大切で当然だとおもいませんか。

子どもが母親に求めるたった一つのことは、自分を愛してくれることです。使い古されすぎているけれど、いつまでもそれ以外の言葉はありません。ほかに言葉がないからこそ、もう耳を素通りしてしまうくらい、使い古されてしまう。良くも、悪くも。

親から尊重され、完全に信じられて育ってきた、自分に満足している子どもは、意図的に自分や誰かを傷つけることはありません。人はそもそも誰かを傷つけたいとはおもわないはずで（気づかないところで傷つけてしまうことはあったとしても）、けれどそうでない子どもや、大人がいまこんなにもたくさんいるのは、自分よりも上に立っている（つもりの）人たちに傷つけられているからではないんだろうか。

いい子とか、なにかに秀でているとか、将来とか、そんなことはそっちのけで受け入れられて、尊重され愛されている自分と、自分自身の存在がまた親の幸せになっていることをはっきり感じられることは、喜びです。それ以上のものなんて探せないほどの、幸福です。

世界中のお母さんが幸せになればいい

子どもは、お母さんが幸せならば幸せでいることができます。その幸せというのは、たとえば裕福な暮らしこそが叶えるようなものではなくて、自然に恵まれた環境こそが叶えるものでもなく、ただ二人の関係その一つによるものです。子どもをただ一人の人間としてみていて、その存在を心から喜んでいて、愛している。子どもの豊かさや自由が脅かされないことを、その子がその子として生きていくことを望んでいる。

幸せなお母さんから受けてきたそういう愛情は、子ども自身のなかに愛情の泉のようなものを育んでいきます。いちばんはじめに、いちばん大事な人から、あふれる愛情をもらって育まれた泉は、つねに循環されて、尽きることがありません。

そして、次第に親のもとをはなれた、まわりの世界と関わっていく。

そこでは、なにも子どもを脅かすものはないのです。自分を、ほかのなにかの形とおなじに揃える必要がないから。否定や、非難も、なにも、子どもをだめにしてしまうものはありません。子どもの自信は、自己を肯定する力は、まったくひるみません。

大好きな、世界で唯一の人に受け入れられて、愛されていたら。

人々がみんな満たされて、自己肯定と自他尊重がもう疑いようのないくらいにしみついている、みんなが好きなことをして、楽しそうにしている。そういう街は、社会は、世界中のすべてのお母さんたちが幸せでなければ、きっとはじまりません。

第4章　これからの自由な学び

1　大学へ通ってみておもうこと

大学生活は自由？

大学へ行くようになってみて、実際どんな感じなのか、と（当然ながら）たびたび聞かれるので、ここに書いてみます。

わたしは18歳にしてはじめて「学生」になりました。デモクラティックスクール卒業生でも、フリーターでもなく、学生です。結論からいえば、勉学はすごく楽しい。でも、それ以外は、大学生活においてとくに必要がない、という感じです。

大学生活はよく、なんでもできるときとか、自由で楽しいときとか、人生最後の夏休みだとか言われたりします。小学校、中学校、高校と、ほとんど強制的に（とも考えないくらい自然に）過ごしてきた日々と、もうすぐに始まろうとしている長い長い、あまりに長い社会人生活とのあいだの、一瞬の解放のとき。「しなければいけないこと」がない、4年間ともいえます。

それはどんなにもったいない時間なんだろう、とおもってしまいます。遊びたくて遊ぼうとするのなら最高でも、知らぬうちにどこかから決められている、12年間の学校生活から40年間の社会人生活という日々にならうために、短い4年間でめいっぱい遊んでおこう、というのは、すごくやりきれない。まるでいっときの自由な時間みたいにみえるけれど、「自由だーっ」なんて気分で羽をひろげるのは、なにも自由じゃないように、わたしには映ります。

自分にとって価値のあるものに力を注ぐ

わたしは、大学というか、広い意味での学校というのは、やっぱりなにかを学ぶところだとおもうのです。とくに大学は、深く学びたいとおもうこと、興味が尽きないことについて、もっとくわしく、頭で学ぶところなんじゃないかとおもっているのですが、実際にそのなかにいると、「あの人はなんで来ているんだろう」と感じてしまう学生がたくさんいます。

自分にとっての価値（それが他人からみればどんなにくだらないものだったとしても）をもし見出せなくて、たいくつで、けれどそこになんとかして時間とか体力とかを注がなければいけないのだとしたら、それは本当にもったいないことではないんだろうか。その分、もっと楽しい、自分の喜びになるようなことのために、大学なんてやめてしまったほうがきっといいとおもいます。

当たり前のことですが、遊びたいことがあるなら、やめてしまったほうがたくさん時間がとれます。それに、自分の素直な感情とか直感はいつも最良の選択をする。少なくともわたしは、いまのところ、そうです。

「学生です」

なにをしているのか、というある種ひどくあいまいな質問をされたときに、わたしは「学生です」

と答えられる立場になりました。これは、すごく便利です。便利すぎて、なんだか無性に、楽をしている気になります。

「なにをしているか」っていうのは、そんなことなんでしょうか。

自分の役割。それは学生なんだろうか？　学生で、なにかを専攻していて、それで納得できてしまうのはどうしてだろう。それはなんにも答えになっていないような気がして、わたしは未だに「学生です」と答えるのをためらってしまいます。

まあ、ただその響きに馴染みきれていなくてなんとなく気恥ずかしいだけ、という可能性もあるのですが。

ほんとうに自由な人たちには自律心がある

もう一つ、たまに聞かれることがあって、それは「これまで学校生活の経験がないのに、ごく普通に生きてきたほかの子たちや、たくさんの決まりごとのなかでうまくやっていけるのか」、というようなことです。

わたしとしては、どうしてやっていけないとおもうのかが不思議で、少なくとも学校に通っていなかったからという理由で、そういう場でやっていけないなんていうことはありえないとおもっています。

干渉と支配（あるいは誘導と指導）の多い生活のなかでは、主体性とか自律心といったものはとても育ちづらい。学校というのはむしろそれを奪っていくための場所なので、ある意味自然なことなのですが。

対して、ほんとうに自由な場所にいる人たちは、年齢は関係なく、自律ができなければそこにいられません。自律できるから、自由でいられる。

そういう人たちが、自ら望んだ場所へ行って、そこが強制的な決まりごととか、あるいは時間割などといった概念がたくさんある場所だったとして、それに耐えられないなんてことはありません。

というか、そういう人たちは、耐えるとか耐えないというよりも、もしそれがいやになって、その場所を欲しくなくなったなら、たぶん、その場所やそこにいる人たちにぶつくさ言う間もなく、さっさとそこを離れてしまうんでしょう。それが自分たちの手で変えられるものなら、変えたいとおもうなら、変えようとするかもしれませんが。

わたしも、いまは学ぶことが楽しくて大学に行っているわけで、もしそれがなにかの拍子に楽しくなくなったり、その楽しさを上回るくらいのこと（いいこともわるいことも）があったら、おそらくさっさとやめてしまうんだろうとおもいます。

でも、なんにせよ、いまは楽しい。楽しいから行く。こんなに単純なことはありません。そして、こんなに幸せなこともありません。

それは、これまでずっとやりたいことだけをやってきたことと、なんにも、少しも、変わらないのです。

2　学校をつくること・つくらないこと

子どもにとって学校は必要か

最近は、「学校をつくる」ということが、とてもにぎわいを見せています。それだけ、従来の学校にすべての子どもたちが通うということにいよいよ無理がきていて、そして食事や衣服といったような「選ぶ」もののなかに学校が含まれることも多くなりつつあるということなんだとおもうと、純粋にうれしい気持ちがあります。

選ばなければいけない、となるとまた話は別ですが、選べる、というのはもう、ごく自然なことです。

従来の学校が合うならもちろん行けばいいし、従来の学校が合わなければそうではない学校へ行けばいいし、それでも合う学校がなければ自分でつくればいいし、そもそも学校に行きたくなければどこにも行かなければいい。

そう、べつにどこかに行かなくちゃいけないってことはないのです。

あの学校は合わないからこんな学校に、とおもえることもきっと大事ですが、そもそも（どんなところであれ）子ども自身にとって学校は必要なのか、ということのほうが先ではないのかなと、最近は特に感じています。

「自分の子どものための学校」？

学校をつくろうとするのは、大人であることがほとんどです。特に、学校に行きたくなくなった子どもの、親。

まだ見ぬ世の中の子どものために学校をつくろう、とか、自分がそういう学校をつくりたい、運営していきたい、広めていきたい、というなら、それはただ存在する学校の一つとして、選択肢の一つとして、多いに越したことはありません。じゃんじゃんできていけばうれしい。けれど「自分の子どものための学校」をつくる、となると、ン？　ちょっと待てよ、という気になります。

どんなに自由めいたものであれ、「用意」してあげた時点でそれはもうまったく透明性をなくしてしまいます。とたんに風通しがわるくなって、いやな空気が溜まる。こんな学校なら子どもは幸せだろう、と素敵な学校を立ち上げて、そこで子どもに育ってもらおうとするのは、従来の学校と根本的にはなんにも変わらないのではないでしょうか。

親にとっての「いい学校」が子どもにとっての「いい学校」とはかぎらない

どんな学校にも、かならずシステムがあります。それがなければ学校にはなれなくて、そのシステムの違いによって、学校に満ちている雰囲気もがらっと変わります。しかも、学校は人がつくっている。だから、デモクラティックスクール（サドベリースクール）という名前がついていても実際に行ってみるとそれぞれ違う空気があるし、ひとくちにオルタナティブ教育と言っても、その中身は全然違います。

その空気を、子どもたちは選びます。透きとおった、鋭敏な感覚で、自分に合う、好きなところを選ぶ。もし親が、自分の子どものために学校をつくったとして、そこを選ぶかどうかは、完全に子どもにまかせなくては意味がありません。ほんとに、学校が必要ではないとおもう子どもだっています（母はかつて仲間たちとデモクラティックスクールを立ち上げて、スタッフをしていたけれど、わたしの兄は一度もそこへ行かなかった）。

子どもにとってこんなにいい学校だから、ぴったりの学校だからここで過ごそう、というのはただの押しつけにすぎません。

それはもちろん、学校をつくるということだけではなくて、いずれかの学校、たとえばデモクラティックスクールを子どもに勧めることもおなじです。あるいは、従来の学校には通わないほうがいい、というのもおなじ。押しつけてしまったら（やさしく聞こえる言葉だったとしても）、なんでも大差はないものです。

子どもが育っていくために必要なもの

だから、あんなのやそんなの、これ以外にもこういうのもある、とかいったような選択肢をただ広げておくだけで十分なんです。子どもが自分で調べられるなら、それも必要ない。

学校は、子どもが育っていくために必要不可欠なところではないし、必要なものがあるとすれば、

サドベリーバレースクール以外に欧米等へ影響を与えてきた教育理論・実践家　（出身国：実践校（プログラム）／特徴等）

N. F. S. グルントヴィ（１７８３－１８７２）
［デンマーク：フォルケホイスコーレ、エフタースコーレ、フリースコーレ／学びの共同体、対話］

G. ケルシェンシュタイナー（１８５４－１９３２）
［ドイツ：労作教育、作業教育］

J. デューイ（１８５９－１９５２）
［アメリカ：シカゴ大学付属実験小学校／プラグマティズム哲学］

R. シュタイナー（１８６１－１９２５）
［ドイツ：シュタイナー（ヴァドルフ）学校／ホリスティック教育、人智学］

M. モンテッソーリ（１８７０－１９５２）
［イタリア：「子どもの家」、モンテッソーリ学校／情操教育、モンテッソーリ教具］

O. ドクロリー（１８７１－１９３２）
［ベルギー：ドクロリー学校／生活のための学校、合科教授］

W. H. キルパトリック（１８７４－１９５２）
［アメリカ：プロジェクト・メソッド／活動主義、生活主義］

A. S. ニイル（１８８３－１９７３）
［イギリス：サマーヒル・スクール／子ども 自治、授業出席の自由］

H. パーカスト（１８８７－１９７３）
［アメリカ：ダルトン・プラン／個別学習、自由と協同］

J. クリシュナムルティ（１８９５－１９８６）
［インド：クリシュナムルティ財団学校／精神的自由］

C. フレネ（１８９６－１９９６）
［フランス：フレネ学校／自主カリキュラム、手仕事（学校印刷所）］

出典：『日本で、サドベリー』きむら ゆき著

それは親からの愛情と信頼のほかにありません。

学校は結局、人がつくるものだから、それをつくる人の愛情と信頼の形がずれているとしたら、どんなに立派な学校がつくられたって、ずれたままです。

学校という場所があればすべてうまくいく、とおもうなら、それはちょっと趣を変えただけの学校信仰のような気がします。

だから、自分の子どものための学校をつくるというなら、「学校をつくってくれ」とか「こういう学校に行きたい」とか、「こういう学校をつくりたい」というふうに、子ども自身が望んだときがいいなあと、わたしはおもっています。

これが学校なんだといえば、いますぐにでも学校はつくることができます。だからこそ、すごくむずかしい。立派な校舎や環境、理念やルールだけでは、続いていかないからです。一人ひとりに合う素敵な場所が、これからも生まれていきますように。

3　学校に行きたくない人へ

子どものうちに感じたことはきっと正しい

自分がとても恵まれていたことを、わたしは知っています。実際にはそうもいかない家庭がいっぱいあふれていることも、知っているつもりです。

親と子はまっすぐにつながっているけれど、現状うまくいかない関係を変えられるのはやっぱり親であることがほとんどです。つまり、親が変われば、親と子の関係はおどろくほど変わる。でもそうならないことが多いから、いまの世の中がある。

学校への違和感とか心地わるさ、やりきれなさとか、親に対する悲しみとかいらだちとかそういうものは、社会の流れにのせられていくなかで追いやられて、溶けて、いつの間にかもう、そうそう手が届かないところで、青春とか若気とかいう名前をつけられてしまいます。それで大人になって、親になって、いつか自分が嫌ったような態度を、子どもに向けてしまったりする。

それが、わたしはすごく悲しいし、そういうことが当然で、ふつうで、しかたのないことだとはおもえないのです。本当にそれを望んだのならなにも言えることはないけれど、やっぱり「子ども」と呼ばれるうちにおもっていたことや、感じていたことは、その人にとってずっと正しいことなのではないかと、おもいます。

自分を守る

話すことは、すごい。人と人をつなげるし、なにより、自分を放してやることができる行為です。だから、親とのことは親と話せたらいちばんいいとおもう。でも、それがなんらかの理由でできないということも、きっとたくさんあります。

もしも自分自身を尊重してくれる人がまわりにいなくて、変化にかける望みも薄いというとき、とにかく自分を守ってほしい、とわたしは願わずにいられません。自分の感情とか、感覚を、からだとこころを、守ってほしい。これは、とても個人的な願望です。

そういうものに押しつぶされていくのを、押しつぶされた社会を見ているのが、わたしはすごくつらい。

誰かに話すことができないとしたら、なにかに書き留めるとか、絵を描くとか、写真を撮るとか、録音するとか、そんなことでなくてももちろんかまわないのですが、なんでもいいから、自分のこころをなにかに放してやれたらいいんじゃないか、とおもうのです。なんらかの形にするとほんのちょっと楽になるかもしれないし、冷静になれたり、俯瞰視することができたり、あるいは時がくれば誰かに見せることもできるかもしれません。表現というものは、時にそういう働きをもっているとおもうのです。

なにより、残る。感じたものをそうやって残しつづけられたら、まちがいなく財産になるし、たしかなエネルギーになります。自分を失わないための、力に。

未来は狭まったりしない

子どもは誰かの子どもであるかぎり、その親から愛されるはずです。それには愛される資格とか権利とか、そんなものは必要なくて、人が生きているうちは誰もが呼吸をするみたいに当たり前のことで、理屈ではなく、愛されるはずのもの。

それがどうしてもうまくいかないときがあるなら、いま親とわかりあうことができないなら、そのことが自分や相手の苦痛になるなら、いったん離れてしまうことも、いいとおもいます。きっと。

悲しいとか、さみしいとかいらだちとかいうものは、相手に愛情や希望をもっているからこそ湧きあがってくるもので、つまりまだ、諦めてしまえないということです。だから、そういうものを諦めてしまわないうちに、愛情とか希望をすり減らされないうちに、残しておくことはきっと間違いじゃないとおもいます。

もし親や家族と距離をおいたとして、つながりが断ち切れるわけじゃありません。どうやったって、どんなに嫌になったって、つながっている。完全に関係を断ち切ろうったって、なかなか無理な話です。

だからこそ、好きな場所へ行けばいいんだとおもいます。少なくとも高校生くらいの年齢になればどこででも生活していくことができるし、もし学校へ行かないと将来がないというなら、学校が想定する将来なんてないものとして生きればいい。

でも未来はあります、絶対に。

4　人生は楽しむためにある

すべては主観

好きになれないものを好きになる必要はありません。

それはそうとして、そうある。それ自体にはなんの意味も価値もなくて（同時に、すべてのことに意味や価値があるということになりますが）、ただそれを誰がどうおもって、誰かにとってなにが好ましくてなにがそうでなくて、という、それだけです。その一つひとつは、当然のようにみんな違っています。

「いいこと」と「わるいこと」は捉えかた次第

人生は楽しむためにある、というのはもうずいぶん聞きなれた言葉です。もはや、そのままの意味で耳に届くことはないんじゃないか、とおもうくらいに。でも、わたしはその言葉を本当だとおうし、普段そんなことを意識しなくても楽しいけれど、ときどき「ああ、もっと楽しもう」とおもったりします。「楽しい」がなんなのかというのも、人それぞれですが。

つらくて悲しくて、朝がくることがいやな日々のために人生があるわけない、とおもうのです。つらくて悲しいことがあって、それをぜんぶ包み込むように流れて、朝の光がきて、生活が続いていくことをにおわせる。

誰にもおなじように生活があって、おなじ24時間があって、誰かのところにだけいいことが集中的に降ってくることなんてありません。雨が、あたり一面に降るみたいに、日光があたり一面に射すみたいに、いろんなことが降りそそいでいるけれど自分が傘をさしていたり、建物のなかにいたりして、気づかないだけではないかとおもうのです。傘をささないと歩けないときも、あるけれど。

幸せなひとは多ければ多いほどいい

たびたび書いたように、わたしは将来あれになりたい、とかいった願望があんまり、ありません。でも、いろんなことを知りたいし、ずっとなにかを考えていたいし、悩んだり学んだり、かしこい人（もちろん学力という意味ではなく）であり、幸せそうな人でありたいなあ、とおもいます。

楽しそうな大人たちを見て育つと、子どもは大人になっていくことをとても楽しめるんだなと、あるとき気づきました。いいな、好きだな、とおもえる大人たちが身近なところにも、そうでないところにもたくさんいて、すごくうれしい。

好きなものとか、うれしいこと、楽しいことっていうのはきっと多いほどよくて、一日のなかの幸せな時間も、１分１秒だって多いほうがいいとおもいませんか。幸せな人だって多ければ多いほどいいと、わたしはおもいます。

それで、誰もが幸せそうで、楽しそうな世の中に近づくにはどうすればいいんだろうなあ、と考えたりして、ひとまず自分が幸せなままでいよう、といまはおもっています。そうでなければ、きっとわたしを見て幸せや安心を感じる人はいないだろうし、なにもできないような気がする。

甘っちょろいかもしれません。でもわざわざ厳しい方向へ行こうとするのは、がんばってそれを避けようとするくらい、わたしには不思議なことに見えます。

厳しいことやつらいことは、必要なときに必要な分だけ、やってくるものではないでしょうか。足りないものも、足りすぎているものも、なに一つありません。

自分にとって最高の生き方をする

カレーのつくり方が家庭ごとに異なるように、本屋さんで手にとる本が異なるように、たった一つの正しい生き方もなくて、否定されるべき生き方もないはずです。

すごいなとか、へんだなとか、おもしろいなとか、好きだとか嫌いだとか、それぞれの感じ方、それ以上でもそれ以下でもない。

たとえば、これまでのわたしの人生を、最悪だという人もいるはずだし、最高だという人もいるはずです。

だから、誰もが自分が最高だと思える生き方ができたら、そんなに素敵なことはなくて、それがいちばん楽しくて美しい世の中だとおもう。

自分の生き方のことを、わたしは最高だとおもっています。

第5章　子育ては自分に出会う旅

1　母親ほど素敵な仕事はない

怖れを手放す

「子どもを授かる」という、至上のよろこびにふれた日のことをいまも鮮明に覚えています。おなかにそっと手をあてる。ここにわたしとは別の、もう一つの生命があるの？　わたしのなかに赤ちゃんがいる？　それはあまりに不思議で、神秘で、かつて一度たりとも経験したことのない「慈しむ」という愛情を、手のひらで教えられた瞬間でした。おなかにあてるその手はいつもやさしく、あたたかいのです。

24歳で結婚したわたしはフリーの仕事を二つ持ち、エキサイティングなライフスタイルをおくっていました。バブル全盛期の時代で、収入も毎月世界一周ができるほどでした。「子どもはつくらないの？」と友だちに聞かれれば、「子どもはいらない」が答えです。でも本当は「いらない」のではなくて、生まれてきた子どもがもし、わたしと同じ障害（口唇口蓋裂）をもっていたら…。子どもを授かることが怖くて、その怖さを受け入れ、手放すことができるまでに5年かかりました。

母親になりたい

「わたしとおなじでもかまわない。母親になりたい」そうおもうようになりました。

わたしがしていた仕事の一つは、建設中の高層マンションの幅30センチの足場を歩いたり、重い物を持ったりもする建築関係の仕事でした。身ごもっているのを知ってしまえば務めることはできません。請け負っていた新築工事の完了をもって事業をやめました。

恵まれていたとしかいえません。仕事をやめてからおよそ50日後でそれまでの人生の中で、一番と言っていい幸福を味わえたのですから。一人の自由ではなく、二人の自由がはじまる。宙に浮く足場を歩いていたからというわけではなく、わたしをお母さんにしてくれようとしている存在に、はじめて足の裏に大地を感じたものでした。

娘の誕生

息子は雲の上から、怖れを手放したわたしを見ていてくれたのかもしれません。わたしとは異なる障害をもって生まれてきました。生まれてはじめて、自分以外の生命と、その生命の働きに、真正直で向かい合うＡＩをくれました。

４年の月日が流れます。どうしても、どうしても、欲しいものがもう一つあるのです。でも今回は、カレンダーに×印がつづきます。見えはしないのに雲の上を探していると、息子がこう言いました。

「人はなんのために生まれてくるの？」

「愛されるためだよ」

わたしはいま再び、至上のよろこびにふれているのです。おなかにそっと手をあてながら。

2　子どもをいつでも名前で呼ぶ

唯一無二の言葉

安産で娘が生まれてきてくれたとき、難産だったのは名前でした。

「なんて名前にしようかな？」あのウキウキ感と真面目さといったらなんなのでしょうね。きっと世界中どこの国の親御さんもいっしょだとおもいます。一生にどれか一つの特別な言葉です。

上の子の妊娠を知ったとき、産院を出て直行したのは本屋さんでした。赤ちゃんの名づけ本のコーナーで長い時間、立ち読みしていたのを覚えています。漢字がもつ意味を知っては「へぇー。そんな意味があったのか」となってみたり、画数のもつ影響を読んでは、おもいついた漢字を次から次、空中でなぞってみたり。これまでに体感したことのないしあわせに満たされたものでした。

上の子のお産のとき、三つの名前を考えていました。半年以上かけて悩んで決めたんですもの、どれも運勢はバッチリ。生涯にわたって名乗り、呼び続けられるわけだから、あとは生まれてきた子どもと逢ってからピーンときたものを一つ選ぶ、という手はずでいました。

ところが生まれてきた子どもと対面してひらめいたのは、考えたこともなかった名前！

そんな経験から娘のときは、先に名前を決めておくということはしませんでした。もちろんあれこれ考えては悩むことは楽しんでいましたが。

名前は祈り

だれもが名前を贈ってもらっています。自分の誕生を楽しみにしてくれていたお父さんやお母さん、おじいちゃん、おばあちゃんたちが、すごくすごく考えて、悩んで迷って、贈ってくれたプレゼント。名前は祈りだとおもうのです。

その名前を、愛しい人の名前を、いつだって声にしてきました。二人しかいない部屋でも、名前を呼ばなくても通じるときでも。

たとえば、ファミレスで隣同士に座って、二人でメニューをみているときなら「何にする〜？」で通じます。でもそんなときでも「まりん、何にする〜？」てかんじです。「今日は雨だね〜」というときだって、「今日は雨だね〜まりんさん」と声にします。「まりん、いってらっしゃい〜」、「おかえりなさい、まりん〜」。「まりんさ〜ん。ごめんね、ちょっとペンとって〜」。「ありがとう、まりんさん」。とにかくいつでもどんなときでも一回でも多く名前を口にしてきました。

祈りである名前は声にして発すれば発するだけ、ことだまとなって響き、じんわりと沁み入っていきます。「まりん」さんは「まりん」さんになります。名前ではなく「お兄ちゃん」、「お姉ちゃん」と呼ばれ続けてきた人が「お兄ちゃん」、「お姉ちゃん」になるように。

ほかにも自分の子どもを「うちのチビがね…」とか、「坊主が…」などと呼ぶ人がいたりしますが、そういった呼び方を聞くたび、わたしはとてもさびしい気持ちになります。

どの子も、その子がその子として成長していくことを祈らずにはいられません。

3　赤ちゃん言葉を使わない

赤ちゃんに失礼

「ブーブー」や「ワンワン」などの赤ちゃん言葉は使わないようにしていました。

祖父母をはじめ、わたしたち夫婦以外の人が子どもに赤ちゃん言葉で話かけたり、子どもが自ら使ったりするぶんには全然構わないんです。

子どもが「ワンワンいた！」と言えば、「ワンワンいるねー」と受け止めます。ただわたしは使いたくないから、「ワンワンいるねー」と受け止めたあと、「大きな犬だねー。犬もお散歩かなあ」と子どもに語りかえしていました。

「マンマ食べようね」、「ちゃぷちゃぷしようね」、ほかにもたくさんある赤ちゃん言葉にはいまも違和感があり、赤ちゃんに失礼だなあとかんじています。

違和感の正体

介護施設で利用者に「おばあちゃ〜ん、は〜いアーンして」なんて言ってるのを聞いたりしたときに覚える違和感と同じなのかもしれません。認知症でない人には敬語で、認知症の人には赤ちゃん言葉で話されたりしているでしょ？　障害のある人に対しても似たようなことがあります。

「正しいか、正しくないか」ではなく、「心地いいか、心地よくないか」

赤ちゃん言葉にかぎらず、すべてにおいてわたしは、これは○○にいいからこうしよう、といった知識を、ニュースや本から知って行動に移すのではなく、自分自身の「真ん中」が感知して、自分のからだから来る声を基準に物事を選んでいました（いまも）。「正しいか、正しくないか」ではなく、「心地いいか、心地よくないか」。

その心地よさは、なんでしょう。まずわかるのは、頭で考えるものではないということ。ふわぁんというか、ぶわあっというか、大地の匂いやあたたかさが体に調和して、窮屈さのないゆるいもの。それなのに、「正しいか、正しくないか」より、すごくはっきりしているもの。惑わされないんです、「心地いいか、心地よくないか」の選択は。

ちなみに、赤ちゃん言葉ではなく、大人が使っている言葉で話すほうが、子どもの言語能力を伸ばすと、なにかの本で読んだことがあります。赤ちゃんは耳の発達は早いので、大人が話す言葉をきちんと聞き取っているからだそうです。

でも「ああそうなのか、そのほうが子どもの言語能力を伸ばすのか。だったらそうしよう」とおもって大人が使っている言葉で話す、という発想がわたしにはなかったのです。「赤ちゃん言葉って赤ちゃんをばかにしてない？」。そう感じていたから、そうしていました。

他のページで綴っている事柄もそうなんです。どうしてそうおもったの？　ときかれると困ってしまう。どれも直感だから、理由は常に後づけです。

4 「見てみてー」のお福分け

言葉のキャッチボール

おしゃべりができるようになると、子どもとの暮らしはよりいっそうおもしろいものになりました。子どもは一日中ずっとしゃべっています。とにかくずーっと。子どもの学ぼうとする力には圧倒されてしまいますね。いつ、どんなボール（言葉）が飛んできても受け取れるミットを構えつづけておくことでわたしは精一杯でした。ほんと、集中力や反射神経を養われます。

魔法のめがね

「見てみてー」は、子どもが「いま・ここ」で感じた驚きや喜び、発見、感嘆をわたしにも味わわせてくれるお福分けです。互いの学びが一つながりの糸となって、紡がれていきます。

娘が穴のあいた落ち葉をかざして覗いていたときのことです。

「お母さん、見てみてー。魔法のめがねだよ」

「あ、見せて見せて」

それは天使が階段を伝い降りてきたような美しい世界でした。真珠色した秋の光を浮き出させているのです。「こっちの葉っぱの穴はどんなだろう？　ねえ、お母さん」「わー、お母さん、２枚いっぺんだとすごいよ、すごいよ！」「ねえ、お母さん見てみてー」。

このとき娘がくれたお福分けは、いっしょに見た美しい世界、美しい時間だけではありません。形には音があったことや、色があったことを思い出させてくれました。この子はこういったことに反応するのか、こういったことに興味をしめすのか。そうしてこんなふうに感じ、こんなふうに表現する人なのか、といったことを知る喜びにも満たされます。

子ども自身がもつ好奇心の入り口に誘ってくれる「見てみてー」は、なんて贅沢でやさしい言葉なんだろう、とおもったものでした。

たいせつなのは共感性

わたしたちは旅が好きで、海外にもちょくちょく行くのですが、初めての国に降り立つや「見てみてー」がはじまります。日本とはちがう町並みに興奮して、信号機一つを取ってみても、見たことのないデザインに「見てみてー、あの信号機」。はじめて見るアラビア文字にも「見てみてー」といった具合です。そのたびいままでは娘が、「わあ、ほんとだー。まるで模様だね～」なんて言って応えてくれます。このときに「ちょっと待ってね」なんて言われたら糸は紡げません。

人生をはじめたばかりの子どもというのは、毎日がこんなふうなんだろうな、と想像します。見るもの、聞くもの、すべてが新しさの連続です。好奇心全開、五感フル活動。そりゃあ、「見てみてー」も炸裂しますよね。お福分けてんこ盛りです。

5　生まれてきた子どもは先天性心臓疾患

スナオなイイ子との誓い

17歳のとき、自分に誓ったことがあります。いつの日か自分が親になれたなら、子どもがビクビクしなくてていい家庭を築く。ウソをつくことを怒るのではなくて、子どもがウソをつかないでいられる家庭をつくる、と。

仕事一筋の父と、世間体最優先の母のもとで育ったわたしは、小さいころから、勉強以外のことをしていたとき、ソファに横たわってお菓子を食べていたとき、鼻くそをほじくっていたとき、もの思いにふけっていたときなど、母親の予想外の帰宅であったり、予期せぬ入室にビクッ！　としてそれらを隠したものでした。

なぜ隠す？　なにを隠す？　8歳のころにはそういった「なぜ」をどこまでも追い究めていく子どもでしたが（入院していたので考えごとしたり、想像したりする時間がいっぱいあった）、年齢が上がるにつれ、自分のなかに棲む、もう一人の自分との衝突が激しさを増していきました。

「スナオなイイ子」の仮面をかぶる自分と、「スナオなイイ子」の仮面を取っぱらってしまいたいとおもっている素直ないい子。だけどおもうだけで怖くて、怖くて、とてもじゃないけど、取りはらえないでいる自分…。まるで強迫行為に縛られた「化」粧でした。

安らかな心

あるがままでありたいという気持ちは募ります。「スナオなイイ子」の仮面をかぶっている自分も、仮面を取っぱらいたいとおもっている自分も、怖くて取りはらえないでいる自分も、どれもまぎれもないわたしです。けれど、自分が自分であってはいけない環境下は、あるがままを許しはしませんでした。

自分にウソをつくたび、心のずーっと奥にしまい込んだ「ホント」。自分自身の無力さを噛みしめるしかありません。悲しかった心情…。悔しかった感情…。

おなじことはくりかえさない。わたしは安心できる関係を家庭からつくる、そう誓いました。

わたしは、口唇口蓋裂《こうしんこうがいれつ》で生まれてきました

上くちびると上あごに披裂がある顔面奇形です。鼻に息が抜けるため言語障害がおき、上の歯並びが正常でないため、咀嚼障害を合併しています。また、耳の気圧を調整する機能も正常でないため、難聴・耳閉塞感を伴い、音声障害も生じます。

差別を受けたり、いじめにあったり、コンプレックスとか劣等感といったものとは長い付き合いでしたが、集中内観後、こびりついていた苦悩がスゥ～と消え、いまは楽に生きています。

障害をもっているから不幸なのではなく、障害をもつことが不幸と考える人が多いから、不幸になる、そんなふうにおもっています。

上の子の誕生

十代最後の春、のちに夫となるパートナーと出逢いました。こころの柔らかな人で、いつも楽な呼吸をしています。為すことを無しとした彼の愛は、誰にも打ち明けたことのなかったわたしの胸中を語らせ、そうしてゆっくりと「素顔」にもどっていきました。

数年後、わたしは親になることができました。生まれてきた息子は先天性心臓疾患で、余儀なくされた入院生活は、死と向き合い、生を学ぶ日々となりました。

死の恐怖

心臓に負担がかかるため、一回あたりの水分量は80ミリリットルに制限されています。内服薬を飲ませるための水を優先するので、ミルクの量はスプーン一杯しかありません。もっともっと欲しいだろう、飲み終わるや泣きます。けれども10分も泣けば心不全…。泣いてなくても起こった心肺停止。人口呼吸器。ちいさな裸体にはりめぐらされている医療機器コードや点滴チューブ。

入院していた大学病院は4歳までの小児には24時間、親が付き添う型をとっていました。心疾患のほかにも腎疾患や悪性新生物の疾患などの子どもたちがいて、悲しいなんてものじゃない数の幼い生命が星になっていくのを見送る毎日でした。

明日はわが子か？　「明朝までもつかどうか…、今夜が山場です」。医師はこの台詞を、ときたまわたしに言うのです。

二人部屋で寝食と苦楽を共にしていたAちゃんとは、疾患が似ていて、誕生日も数日違うだけでした。そのAちゃんが、手術の途中で旅立ちました。

仮通夜で抱いたAちゃんの冷たい皮膚温度…。病院に戻り、泣いていた息子を夫から受け取ったときのあたたかな温度…。その1週間後に行われるわが子の手術…。あと6日、あと5日、あと…。一生分の恐怖を味わった1週間でした。

毎日が誕生日

手術まであと3日となった日、息子ははじめて寝返りをしました。「アレ？　なんだ、いまのは」と、息子がきょとんとした表情を浮かべたのもつかの間、また寝返ろうとします。たったいま起こったことを確かめようとしているのか、顔を赤くしてふんばります。ひっくり返れば目が輝く。何度も何度もします。点滴のチューブや医療器のコードが身についている不自由もかまわず。

一生懸命になって精一杯あらゆる力をふるわせて世界を広げようとしている。自分で足場をつくっている真摯な姿を見ていて、わたしは、彼の生命をわたしのものとしていたこと、死ぬかもしれない手術日にむかって、一日、一日を引き算していたことに気づきました。息子は、死に向かって進んでいるのではなく、「いま」をもらって、「いま」を生きていました。毎日が新しさの連続だった。生きるということに生命をかけて、生命がいまを生きていた。生命が彼を生きていた。

目の前で生きている息子に、自分自身のエゴと、毎日が誕生日となる今日の生命の尊さ、すばらしさ、ありがたさを教えられ、「生命を生きる」ということをわたしにわからせるために、この子は生まれてきたんだとおもいました。「生」があたりまえなのではなく、「死」があたりまえ。

死を想い、わが子の生命を覚悟できたとき、はじめて、ほんとにほんとにはじめて、骨の髄からそのあたりまえではない「生」に感謝の念を抱くことができるようになりました。

人生は楽しむためにある

逃げでもあり、希望でもあった17歳の誓いと、素顔の力と、自らの障害、息子からもらった体験は、子育てにおいて垂直思考を手放させてくれました。だから、いつも自分の意見をはっきりと言う息子を懸念して、わたしたち夫婦双方の親は、「甘やかしてはいけない」とか、「しつけがなっていない」だとか、親の言うことをきかす方法など、たくさんのアドバイスを投げかけてきましたが、難なく受け流すこともできる自分になっていました。

息子は退院後も（今現在も通院中）、いつ心不全が起きてもおかしくない状態でしたが、明日は知れない今日の生命に覚悟ができたら、骨の一本や二本折れようとも、通知表に「5」が並ばなくても、そんなことはどうでもいいことです。「人は自分を生きるために生まれてくる。だから自分が感じた通りに生きていけ。ありのままの自分で生きていけ」

人生は楽しむためにあると捉えていたわたしたち夫婦は、そのために親がなすことはなんなのか？　どうすればいいのか？　と、よく話していました。

わたしたちは子育てにおいて、怒ったり、叱ったり、褒めたり、命令したり、脅したりして、自分たちの望む、いや、親である自分たちが不安に苛まれないように、自分たちの価値観を押し付ける、ということを避けました。乳離れをさせる？　オムツをはずす練習？　就学前に字を覚えさせる？　就学後には、宿題はしたの？　忘れ物はないの？　箸の持ち方、口のきき方、挨拶のしかたなど。思いやりとか態度なんてものは、子どもは親のやるようにやります。親の言う通りにするのではなくて。やさしい子に育ってほしいなら、自分がそうなれ！　ってことですね。

子育ては子育ち

親が子どもにすること、言うこと、挙げれば果てしなくあるそれらを、わたしは子ども本人の自主性に任せました。自分たちの価値観や理想といったものを、他者である親が、先回りしてお膳立てをして、一つの人格を持つ他者（子）に押し付けることはできませんでした。

親であるわたしたちが善しとする道に導き、そこを歩かせると、歩かせた分だけその子は「その子」を落っことします。生まれながらにして持ちあわせている、好奇心やあらゆる能力も摘み取ってしまいます。

子どもは、「育つ力」を持っています。子どもは育てなくても育ちます。育てるものではないと、おもっています。謙虚に耳を傾け、徹底して子どもの味方になって、子どもを支えもち、子どもの育ちを護ってきました。いつだって子どもたちに（たくさんの者・物に）護られながら。

6　親が子を育てるのではなく、子が親を育てる

息子と泣いている子ども

息子の幼稚園の入園式が終わったあと、わたしの両親がお祝いにと、日本料理店に連れていってくれたときのことです。わたしたち家族の感覚からいえば、今日みたいな日や、成人式のお祝いなど、特別な日でもないと行けそうにない高級店でした。水打ちされた涼しげな石畳がつづき、各部屋個室となっていて、靴を脱いであがります。

畳の個室は子ども連れには最適です。部屋に入るなりみんなリラックス。ところが、息子の顔は難しくなりました。どうしたのか尋ねると、この部屋に通されるとき、一つ手前の部屋から聞こえた子どもの泣き声に気をもんでいます。それは、わたしにも聞こえていました。そしていまもなにかを訴えるように激しく泣いています。

「見てくる」と言って息子が部屋を出ていきます。（はぁ？）

「いや、いや、いや、ちょっと待ってー」

「どうして？」

「えっ？」

どうしてなんだろう？

わたしはコートを脱ぎかけていたところで、袖はまだ右腕に残っていました。脱ぎ切るにも、もう一度着るにも、2、3秒はかかります。その間に息子は隣の部屋へ駆け出していきました。すぐあとを追っていくと、息子は隣の部屋の引き戸を開け、なかに入っていったところでした。部屋には、泣いている2歳前後の男の子と、男の子の横に座っていた女の人と、向かいに座る男の人。開きっぱなしの入り口で、わたしは深く頭をさげました。

息子は、泣いている子どものところまで行き、そこでちょこんと座り、ただ子どもを見つめています。善も悪もないまなざしで。

子どもは途端に泣き止みました。泣き止んだだけではなく、安らかな表情をしています。男の人と女の人（たぶんきっとお父さんとお母さん）の表情も緩み、殺気立っていた空気が部屋から出ていったのです。時間にすれば、30秒ほどのことでしょうか。息子は席をたち、わたしの太ももに抱きついてきます。わたしはしゃがみ、息子を正面から、むぎゅ～と抱きしめました。

評価に支配されている自分

母が言います。

「非常識にもほどがあります。こんなお店に来るような人たちですよ、お金持ちに決まってるでしょ。ほんと恥ずかしい。よけいなことするもんじゃありません。わたしまで変な人におもわれたんじゃないかしら。ちゃんと謝ってきたんでしょうね」

母の言葉は、息子が部屋を出ていくときにおもった「どうしてなんだろう?」という、わたしのこころの色そのままでした。わたしは「非常識」とか「わたし、なんておもわれるん」とか、そういう気持ちから引き止めようとおもって、後を大急ぎで追っかけたのです。息子がやろうとしていること(息子がやりたいこと)を応援するために、後を駆けたのではないんです。

あのとき止めていたら、子どもに一体なにを教えていたんだろう、とおもいます。マイナスなことであったのは間違いありません。評価に支配されている自分、評価を恐れている自分を、まざまざと見せつけられました。

清らかなまなざし

人生を楽しむコツは、いかに自分は評価に支配されているか、それに気づくことでした。親が子どもを育てるのではなく、子どもが親を育ててくれます、ほんとに。

30秒ほどの出来事のなかでもう一つ、とても大事なことを息子は教えてくれました。それは、純粋な愛により生み出された清らかなまなざしは、なにものにも代えがたいということです。あのとき息子は、なにかを教えようとも導こうともしているわけではなかった。ただ声をきき、彼を受け止めただけです。わたしにある評価者や審判員のツラを消してくれました。

息子のおかげでわたしは、のちに生まれてきた娘にもジャッジのないまなざしをおくることができました。その彼女は人間的な価値をなによりも大切にする、純真純美な人に育っています。

7　子どもとも「一人の人間」として付き合う

週に一度の家族会議

我が家では週に一度、家族会議がおこなわれます。といってもまったく堅苦しいものではなく、議題がなにもなければ1秒で終わるものです。

娘が産まれるときのこと。そのころパートナーは、交通事故に遭って入院していました。息子と病院に行くのが日課でしたが、娘が生まれると病院に行くことはなかなかできなくなります。そのあたりの事情を汲んでもらえて、完治ではなかったものの、出産予定日の10日前に退院しました。

3ケ月近くの入院だったので、息子は大はしゃぎ。娘が無事に生まれたら、湯治をかねてキャンプに行こうとなりました。そんなときの会議はこんなかんじです。

「あのね、あなたが生まれてきたら、みんなでキャンプに行こうかって話になってるの。付き合ってくれますか？」「……」

おなかのなかにいる娘の声は聞こえませんでしたが、それでも話かけていました。

家族は共同体

家族は横の関係で、誰が上とか、偉いとかの縦関係ではありません。家庭は共同体で、親と子は対等で平等の人間です。親が子を育てるのではなくて、親と子が一緒に暮らしながら、尊重しあい、協力しあい、話しあって、共に学び、成長していく。子どもは確かにわたしの子どもだけど、わたしの所有物ではありません。そのことを戒めるためにも、家族会議はいいなとおもっています。

子どもとも「一人の人間」として付き合うというのは、わたしにとってごく自然なこと。年齢差別の恣意がきらいなのです。「まだ8歳だからダメです」と言ったかとおもうと、「もう8歳にもなって」とかいうやつ。相手が子どもでも、なにかをお願いするときは「お願いします」だし、お礼は「ありがとうございます」。悪いときは「ごめんなさい」だとおもうのです。

お小遣いの制度をつくり、その額を決める会議は盛り上がりました。お小遣いの額を決めるには家計を知らないと話は進みません。一年分の家計簿を見せながら、これだけのお金が入ってきて、こんなふうに出ていっている、と説明します。

子どもたちは熱心に見入っています。「わあ、夏ってこんなに電気代いるの？」「うんそう、冬も。だから一年スパンで見ないと」「お母さん、この交際費のお菓子ってなに？」「この前もっていったお詫びのやつ」。通帳とも照らし合わせています。「食費をあと4000円節約したら、お小遣いの額一人あたり1000円アップできるやん」「どう節約しようか」「ぼくらのお菓子はお小遣いから買うことにすれば？」「なるほど」。

子どもは考えるのが大好きです。かくして我が家では、お小遣いは親も子も1ヶ月5000円となりました。

8　子どもは親の虚栄心をはがしてくれる

丸坊主でトランクスパンツ一丁の娘

公園から駆け足で帰ってきた娘が、息を弾ませこう言います。

「お母さん、お母さーん！　髪切りたいからパーマ屋さんに連れて～」

なにがあったのか知らないけれど、わくわく、にやにやしているのです。

「あんな、あんなあ、坊主にすんねん！」

なるほどね、だからわくわく、にやにやなのね。さっそくパーマ屋さんにいって坊主にしてもらいました。

これまでの髪型は、ロングヘアのワイルドなクルクルパーマでした。その髪型も娘がやりたくてしていたスタイルで、あまりのカッコカワイさに毎日見とれていたのですが、できあがった坊主が超おしゃれ。親ばかですが、すごく似合っていて、またもや見とれる髪型でした。それに洗髪がらくだし、伸びれば今度からは家で切れますしね。

髪型はそれで良かったんです。しかしそれに合わせて服装もパンツ一丁になりました。もともと女の子のパンツは太もものゴムがイヤらしく、男の子用のトランクスを愛用していたのですが、これまではトランクスの上に洋服を着ていました。その服がなくなったのです。公共の乗り物やスーパー、図書館などでは、かろうじてジャージの短パンとランニング（冬場は半袖Tシャツ）を着ていましたが、家や学校（デモクラティックスクール）、車など、パンツ一丁で居られる場所では、短パンもランニングも脱いでいます。

娘の心地よさ

どこだったらパンツ一丁でOKか、という基準は、娘本人が決めていました。性に対する不自然な抑圧をかけたくなかったからです。

抑圧のない環境は、心地よいのでしょう。基準はあっという間にプールや海（ここでは男児の海パン）、公園にも伸びて、わたしの許容量をも、どんどんどんどん広めていきました。

傲慢だった自分に気づく

このころのわたしは、もう自分が世間の目などさして気にせずに生きている人間だとおもっていたのです。けれども全くもってそうではなく、虚栄によって生きていました（いまもですが）。なんとも傲慢な野郎です。その事実を娘は容赦なく教えてくれました。借りものの知識にたよらない子どもが放つ光は、深いところまで照らしてくれます。

小中高に通わず大学へ行った娘が歩いてきた道程は、創造活動の世界です。髪を切り、服を脱いで、自分を大きく伸ばしたのでしょう。模範となって世間的価値を手放させてくれました。

第6章　子どもの場所から

1　どうして6歳になったからといって学校に行くのでしょうか

義務教育は義務じゃない?!

現在の日本は小学校の6年間、中学校の3年間は義務教育の期間となっています。このことはわたしたち民衆も知るところです。ところが、この義務教育の「義務」とはなにか？　となると、なぜかまだまだ多くの方が勘違いをされているのではないでしょうか？　わたしはその一人でした。義務教育の「義務」は子どもが負うもの。よって「義務教育なんだから、学校はなにがあっても絶対に行かなくてはいけないところ」とおもっていました。しかし「学校に行かなければならない」などという法律はないのです。

日本国憲法の第26条に教育を受ける権利、教育の義務のことが書かれています。

日本国憲法第26条「教育を受ける権利、義務教育」

・第1項　すべて国民は、法律の定めるところにより、その能力に応じて、ひとしく教育を受ける権利を有する。

・第2項　すべて国民は、法律の定めるところにより、その保護する子女に普通教育を受けさせる義務を負ふ。義務教育は、これを無償とする。

なんでも疑ってみよう

第1項ですべての国民に教育を受ける権利を認め、第2項で子女（子ども）の保護者がその子どもに普通教育を受けさせる義務と義務教育の無償を定めています。

「6歳になったら学校に行かせよ」とは、どこにも書かれていません。保護者にむけて、子どもに教育を受けさせる義務があると書かれてあるのです。子どもが学校に行く義務ではありません。子どもが学校に行きたくないと言って、学校に行かない場合でも法律的に問題はないのです。

小学校・中学校は義務教育だと知っている人はたくさんいるのに、どうして義務のこと、権利のことなると知らないのか。おかしな話です。すべての保護者、すべての子どもたちに、子どもたちの頭に、肌に、きちんと伝わるように、どうして学校は伝えないのか。あまりにも悲しすぎる出来事があとを断たないというのにです。人間力より学校競争力・ブランド力はそんなに大事なのですか。

「学校は行かなければならないところ」という通念になっていますが、どうして6歳になったからといって学校に行くのか？　ああほんとだ、どうして？　と疑問を持ってみませんか。学校とはなんだろう？　誰のためにあるのだろう？　と考えてみませんか。

そもそも教育とはなにでしょうか？　子どもを大人たちの都合のいいように教育することが教育ですか？　国家が支配しやすい国民に仕立て上げるために教育が手段として使われていることは許されないと考えます。

2　学校のチャイムはいじわる

自分のしたいことがわからなくなる仕組み

ランドセルを背負って小学校に行く、ということをしてみたかった娘は、その日がくるのをワクワクしながら待っていました。ところが入学式の帰り道。「学校ってふしぎがいっぱいやなあ」と娘。「ふしぎ?」「うん、ふしぎ。なんで男の子は青色で、女の子はピンクなん?」「うーん…」「なんでみんな決まってんの?」。「なんで名前で呼んだらいけないの?」(苗字で呼ぶ決まり)。彼女がとらえた本能的な感覚に、わたしは考え込んでしまったのでした。

以降も、学校に行くたび、ふしぎさは増していきます。クラスに教室、時間割。宿題、赤ペン、花まるシール。筆箱の中味のチェック。自由に飲めないお茶。自由に行けないトイレ。手のあげ方、発言のしかた、席の座り方。給食の食べ方。友だちの呼び方。表現の自由がないこと。暑かろうと寒かろうと生徒だけは履かないといけない靴下に靴。矛盾している先生の言葉、態度、など。確かに刑務所そっくりです。娘がもった疑問は数知れません。学校には行きつつも、学校とキョリをおいて、ふしぎにみえるその世界を、ジィーと観察していたのでしょう。

始業式から1週間ほど経ったころに娘が言い放った、忘れられない言葉があります。

「チャイムって、メチャクチャいじわるやねんで! いっつもわたしのジャマするねん!! うんてい（遊具）やってるのにすぐに鳴って、もうやったらあかんってチャイムがいうねん！　なんでチャイムが決めはんの？　チャイムのいうとおりにしてたら自分のしたいことわかれへんようになってまうやんな」

この言葉をきいたとき、ああそうか、そういうことなのか、とおもったのでした。自分のしたいことがわからなくなる仕組みはここにあったのか、と。

理想通りの大人

1年生の授業参観で見えるのは子どもたちが「はい、はい」と大きな声をだしながら、活発に手をあげている姿です。しかしながらその光景は、六年生の教室ではもう見られません。一年生（人によっては幼児）から、「自分」というものをあとまわしにして、先に「これをやりなさい」と画一的なことを強制されれば、六年生にもなれば慣らされきってしまうのも、うなずけます。

中学、高校と飼育（もしくは狂育）は続き、学ぶことの感動を忘れた大学生は、羊のように従順な社会人に育ち、企業国家の理想通りの大人のできあがりです。

自分はなにがしたいのか。大切なものをなくして（奪われて）心が枯れて、自分はなにを好きなのかさえわからなくなっている大人が大勢いるようにおもいます。

自分の「好き」を見失ってほしくない。娘はチャイムに従わなければならない学校に行くのはやめました。今年二十歳。自身が望む理想の大人になっていっています。

3　今日はどの学校に行こうかな

一日を自分でデザインする

公の小学校に魅力を感じなかった娘は、公の学校のほかに、デモクラティックスクール（サドベリースクール。第1章4「デモクラティックスクールとは」で詳述）と、フリースクール、自宅。この四つの学び場から、今日はなにを着ようかな。そんな感覚で、その日の気分に合った学び場をチョイスして、一日を自分でデザインしていました。

「今日は小学校で3時間目にプールがあるからそれだけ行って、そのあとデモクラティックスクールに行くわ」

「明日はフリースクールのいちご狩りに参加するの」

昨夜から夢中でしているジグソーパズル。今日は自宅だろう。

小学校入学式の日から「学校はふしぎがいっぱい」と言っていた娘は、そのふしぎな世界を思慮深く洞察していたのでしょう。

ある日、担任の先生とクラスメイトに「こっちの学校にはもうけーへんからバイバイ」と別れを告げて帰ってきました。それからフリースクールも退会して、自宅以外ではデモクラティックスクール1校となりました。

自分で選ぶことはとても重要

時間は戻りますが、娘は幼稚園の年中さんの秋ころから「習い事」に興味をもちました。月曜日は体操、火曜日はプール、水曜日はピアノ、木曜日はテニス、金曜日はダンスといった具合です。「体操をやりたい！」というので、保護者のわたしが体操クラブの窓口にいって申し込みをします。申し込み用紙には入会希望動機欄があり、「子ども本人がやってみたいといっているので」と書くと、窓口の方は「自分で選ぶということはとても重要なことですからね。本人の気持ちを尊重してあげているお母さんはとても偉いですね」と言って褒めてくれます。

およそ一年が過ぎ、「習い事全部やめる」と言うので、今度は退会申請をします。退会申し込み用紙には退会理由欄があり、入会時と同じように「子ども本人がやめるといっているので」と書きました。でもおかしなもので、説得こそあれ「本人の気持ちを尊重してあげるのはとてもいいことですよ」と言われた方は誰一人いませんでした。

直感はウソをつかない

自分自身のことであるのならその選択は、どれほど迷っても（1秒たりとも迷わなくても）、自分自身で選ぶのがいいとおもっています。子どもは特にです。自分の内なる声に従っていてもらいたいのです。自分の体に宿る感性は自分に嘘をつきません。自分を信頼しています。

4 「学校ってこうすればいいのに」案

魅力的な学校とは？

担任の先生が尋ねます。「まりんちゃんはどうして学校に来ないの？」「魅力的じゃないから」「魅力的だったら来るの？」「うん、魅力的だったら行くよ」「どんなのが魅力的かな？」「えっとなあ」と、娘が答えだしました。想定外の返事に先生はあっけにとられています。わたしも軽く驚きつつも、なんとかペンを取ることに間に合ったものです。6歳（2002年）の娘はこう言いました。

・教室を、1年1組とか、2年2組とかで分けるのではなくて、この教室は算数の部屋。こっちは国語の部屋ってふうに、科目で教室を分ければいい。
・算数の部屋に入るのは算数を学びたい子だけ。
・算数の教室はなん個かあって、各教室には先生がいてる。算数を学びたいなっておもって算数を選んで、どの先生に教えてもらうかも子どもが選べる。
・時間も一時間目とかじゃなくて、チャイムはないねん。だから何時間でもやりたいだけ算数ができる。
・チャイムがなったらもうそこで終わりとかとちがうから、読みたい本もずーっと読んどける。
・図工や絵を描いたりもそう。

・先生だけじゃなくて、いろんな人がいて、いろんなこと教えてくれるねん。将棋やったり、パソコンやったり、編み物やったり。
・入り口の入ったとこ（エントランス）に大きな掲示板をおいて、今日はどんなクラスがあるのか。それがみんなの時間割。
・教えるのは先生や大人だけではなくて、六年生の子が二年生の子に教えてあげたり、五年生の子が三年生の子に教えてもらったり、いっしょにしたりする。
・静かにする教室と、わいわいおしゃべりできる教室がある。
・教室、あんなにあまってるねんから。設備も整っているんだし。
・花の好きな子は花壇にいつだって行ける。うさぎが好きな子だってうさぎに会える。
・運動場だって、いつでも使える。

子どもは日々に新しい

娘があげたこれらの案（これはほんの一部）は彼女がデモクラティックスクール（サドベリースクール）を知っていたからでしょう。世界が広い人の話は聞いていて楽しく、刺激をもらえます。

本来子どもは日々に新しいもの。やったことがないことをやってみたり、知らないことを知ってみたり。なにかのためではなく、それ自身を楽しみます。このあと言った娘の言葉が耳に残ります。
「学校ってただ座ってるだけでなんでも教えてくれるやん。そんなんつまんない」

5　公の学校とデモクラティックスクールの違い

旅行か旅か

小学校の修学旅行の参加を断ったときのことです。公の学校の担任の先生に、公の学校と、デモクラティックスクール（サドベリースクール）の違いを尋ねられた娘は、例えに海外旅行を出して、こんなふうに答えていました。

「行ったことのない海外に、パックツアーの旅行で行くのと、個人で行く旅との違いかなあ。ツアーは楽やん。申し込めば、あとは企画にのっかるだけやから。なにもかも決まってて、「楽しい」まで用意されてあるし。いちばん違うなとおもうのは、ツアーは、ゴールがスタート前に用意されてあるとこ。トラブルやハプニングが起こらないよう注意して、ちゃんと無事にゴールまで行くことが大事。目的を達することが目的やん。仮になにかトラブルとかがあったって、その処理は旅行会社の人がしてくれる。客は自分ではなにもしないで、文句は言うけど、でも指示を待ってる。

個人やと文句言うてても始まらんから自分らで処理せなあかん。宿だって、一軒一軒訪ねて、部屋見て、値段交渉して選んでいく。移動も調べる。なにもかもぜ～んぶ自分らで決める。でもその過程も旅やん。気にいった町なら居たいだけ居たりして、終わりが決まってないねん。デモクラティックスクールってそういうとこで、迷いながら、話し合いながら行く。それがおもしろい」

受動と能動

「じゃあ、まりんちゃんが行っているデモクラティックスクール（サドベリースクール）では修学旅行の行き先とかは自分たちで決めたりとかできるの？」

「ん？　修学旅行とかない。遠足とか運動会もない。学校にやったらあるような行事はなにも用意されてない」

「え？　じゃあなにを決めたりとかできるの？」

「行きたいとこや、やりたいことは自分らでつくるねん」

「どういうこと？　どうやって？」

「週1回大きなミーティングがあって、そのミーティングでルールを決めたり、やりたいことを決めたりするねんな。旅行に行きたいとおもった子はミーティングで議題にあげて、伝えるところからはじまる。で、行きたい子を集って、その子らだけで話し合って（随時）、日時や交通手段、宿泊先、費用とかもどうするか決めていく。で、またミーティングで発表して、誰一人として（行かない人も）イヤだとおもわない案が出るまで話し合い、実現させていくねん」

「費用も？」

「うん。活動費から出るのもあるし、バザーしたり、なんかつくって売ったりして資金集める」

「それ個人で海外に行くよりすごいね。まりんちゃんもなにか実現させたりしてるの？」

「してるよ。この前は「かまくら」つくってきた。それがね…」、楽しい旅の話は続くのでした。

6　子どもが学校に行かなくてよかったこと

毎日がハッピー

子どもを見ていて、当時もいまも、子どもが学校に行かなくてよかったなあとおもうことは、日々の暮らしのなかでも、たくさん、たくさんありました。

学校に行っていたら、過程における学びの重要さより、校則違反というだけで罰せられる活動は多々していたし、平日に図書館に入り浸ったり、一日中ラジオや音楽をきく暮らしもできなかったでしょう。中でも、子どもがお風呂で鼻歌をうたいゴキゲンな毎日を（いまも！）おくっていたのは極上のしあわせです。鼻歌や口笛は人の心が楽しむとき、自然にくちをついて出るものだから。

子どもが笑っている顔が見れる

学校に行っていても子どもの笑っている顔は見れるとはおもうのですが、6歳から、大学に行くようになった18歳まで、毎日が夏休みのよう（学校に通っている（通っていた）人が知る夏休みとは比じゃない最上・最質の日々）だった暮らしのなかで一緒にいれば、子どもの笑っている顔を見れる機会は、数百倍です。

行き交う大人の笑顔でもハートが和らぐんですもの。子どもの笑顔となれば、元気も百倍です。

感情を隠さなくていい

笑った顔を見ていると、しあわせ気分でいられるのは万国共通のよろこびだとおもうのですが、だからといって、それ以外の感情を差別するのは嫌いです。

喜怒哀楽のうち、「怒」が占める割合が、他の三つよりいつだって多いとなると、それはちょっとまた別の話でありますが、「怒」や「哀」をも含め、自分のそのときの感情を隠さないで、自由に素直に表現する真の正直者の子どもたちを見れてきたのもまた、笑顔と同じくよろこびです。

子どもがなにかに怒っていて、だけどそのことをみんな知っていて、怒っているという正直な感情でいられる環境は、学校はもとより、家庭ででも難しい気がします。

自分のしたいことをしている

ゲームであれ、読書であれ、なんであれ、「なにを」はなんだっていいのです。自分が「したい！」とおもったなにかをしている姿は魅力的で、一日24時間を自分の由として使う。その姿を見続けられたことは、わたしにとってもしあわせでした。時になにか一つのことに集中して、自分が納得するまで向上を目指したひたむきな姿に、鳥肌ものの感動をもらうことも幾度となくありました。

自分のしたいことを自分で知っているということ、そのしたいことを存分に追い求めることができる自由の大切さというものも教えてもらえました。同時にその自由の大切さは、他者もおなじであるということをもです。

つまらない勉強はしなくて済む

「氷」がとけたらなになるか、という問いに対して、正解は「水」しかないような、マニュアルに答えを決められている勉強や、自分が「受けたい！」とおもっているわけではないテストや受験のためにする勉強に、時間やエネルギーを奪われないで済んだことは非常によかったです。

娘が小学校へ行くのをやめる前に、まずやめたのは宿題でした。担任の先生に、宿題はなんのためにあるのか訊き、「まりんちゃんのためよ」と言われ、「まりんちゃんのことをおもう」とまで言われたので、「わたしのためにだったら、わたしのことおもってくれるのなら宿題は要らないです。わたしは今日から宿題はしません」ときっぱり申し出てました。

友人年齢にこだわらない

娘もそうですし、息子もまた、友人年齢の幅がとにかく広いです。いまでこそ娘も息子も、大人といわれる年齢になりましたが、年齢がまだ1ケタだったころから、10代はもとより、20代、30代、上は70代と交友をもっていました。幅があると、人それぞれの価値観や人生観、あらゆる職業があることなども知れて、視野の幅も広がります。国籍や性別、住んでいるところも全国津々浦々で、東京や福岡、愛知など、校区外に出て遊びに行ってました。

いいのか悪いのか実年齢には見られず、娘も12、13歳のころにはすでに、22、23歳に見られたりしていたので、いろいろと都合はよかったみたいです。

7　不登校はレインボー

学校は「学ぶ」ところではなくなっている

日本の小中学校の不登校児童生徒数は、およそ12万3000人（文部科学省平成27年度の学校基本調査の公表より）だそうです。この12万3000人という数字。生きていることの価値をどこにおくかによりますが、わたしは不登校児童生徒数が増えたニュースをきくたび、「ああ、よかったな」とおもっています。不登校扱いにはなっていないだけの子どもたちや、本当は学校に行きたくないけど、登校を選択できずにいる子どもたちをも含むと、いったいどれほどの数字に膨れあがるのか。

想像できるところでありますが、この現況は翻って言えば、チャンス！　ということでしょ？　何十万人もの子どもたちが教えてくれているんでしょ？　死に逝く教育なんてどう考えたっておかしいです。ニュースにさえならない子どもたちの、先生方の自殺…、あれは他殺です。

教育とはなんだろう？

いまでこそ「学校は行きたくないのなら行かないがいい」（「行かなくてもいい」ではなく）。「学び方は選ぶ時代」と声を大にして言うわたしですが、それは息子の「学校に行かない」を経験し、そこではじめて教育とはなんだろう？　学校とはなんだろう？　なんのためにあるのだろう？　誰のためにできたのだろう？　わたしのものだとおもっていた価値観は、本当は誰の価値観だったのだろう？　どこから来た価値観なのだろう？　本質に辿り着きたくて、底が見えなくなるまで掘り下げる学びの機会をもらえたからでした。観えたものは、いつだって通念と常識を、普遍、不変であるかのように操った、時代を支配した意図的なシステムでした。

「学校に行かない」ことは解決すべき問題ではない

学校に行かないを選択した子どもというのは、学校に行くことで自分を壊されていくことに危険を感じ、背負わなければならないリスクはあっても、主体性をもって自身を生きようとした、勇気あるすばらしい子どもです。自分を苦しめる自分の心にさよならして、自分が自分でありたいというこの選択は、度胸こそあれ、決して怠けや、甘えや、わがままでできることではありません。

学校に行かないことを問題とすることが問題でした。学校に行かないことをなにかしらの問題行動だととらえたから「解決」が発生したのですが、学校に行かない、というのは解決すべき問題ではありませんでした。子どもを理解し、信頼しなさい、ということでした。尊重するか、しないか。

学校に行かないというのは、自分の足にフィットしない靴を履いていたら靴擦れがおきるように、その学校は自分には合わない、ただそれだけのことでした。病気、という天恩をうけて、「生命を生きる」を教えてくれた息子から今度は学校に行かない、という自由をとおして、「自分を生きる」を教わりました。学校信仰から解き放たれると白黒風景はカラーになって、虹をわたします。

第7章　勉強のなかで暮らしている

1　娘が携帯を持ったのは6歳のとき

漢字がいっぱいのメール

娘が携帯を持ったのは6歳、２００２年のことです。自分の携帯電話を持った娘はうれしくて、ひんぱんにメールを送ってきます。

「あめがあがったよ」

「ひかりがきれいよ」

「おそらみてー」

こんな短い文に、娘のうれしさがにじみ出ているようでした。そのつどわたしは返信します。

「あ、あめがあがったんだあ」と、娘が読めるひらがなで。

数日後のことです。そろそろ寝ようかなとおもっていたところに、デモクラティックスクール（サドベリースクール）の友だちのMちゃんからメールがきました。Mちゃんは16歳。それまでわたし以外とのメールのやりとりがなかった娘は、Mちゃんからのメールを見て、こう言いました。

「わー、漢字がいっぱいやあ。なんて書いてるんやろう？」

漢字を知らない娘には読めません。でも「なんて読むの？　教えて」とは言われてないので、娘の次の言葉を待ちました。待つ間、わたしはこころのなかで「まだ漢字を知らない子に漢字をつかったメールを送るなんて、Mちゃんて…」と、おもっていたんです。

勉強は「生」すべてにつながっている「学び」

スタスタと奥の部屋に行ったかとおもうと、卒園式のときにもらった辞書をもってリビングに戻ってきて、「辞書のひき方、教えてー！」と言います。

わたしが自分を恥じたのはいうまでもありません。

携帯にかかれている一字一字を、漢和辞典を見ながら探します。そうやって受信したメールを読んでいきます。読み終えると、国語辞典をつかって、また一字一字調べながら文を打って送信します。するとすぐさまMちゃんからまたメールがきます。それをくり返すうちに、テーブルの上には漢和辞典と国語辞典と、それからノートも広がっていきます。右手にえんぴつ、左手に携帯を持って、メールを打ち返している娘のひたむきな姿。

勉強というと、机に着席し、おおむね学校で習う教科を学習する、と捉えていたわたしでしたが、勉強は、「生」すべてにつながっている学びなんだと教えられました。そして、その学びを衝き動かすものは、誰もが生まれもっている好奇心です。知ってみたい！　やってみたい！と、内から湧き出るもの。だから、学ぶもの、学びたいもの、学びたいとき、学びたい方法は、個々ちがうのが自然。水を差さないよう、絶えずその好奇心を生き生きさせておくことが大事なんだということを、まの当たりにした夜でした。

2　子どもとお金

お小遣いは５０００円

我が家では娘が16歳になるまで親も子もみな、１ヶ月のお小遣いは５０００円でした。本やＣＤなど個々で欲しいものは自分のお小遣いから買います。映画やカラオケ、スポーツ観戦などの活動も、友だちとだったり、一人で行く場合はお小遣いから（家族で行うときは家の活動費から出ます）。6歳の子どもにとっては高額で、自己管理するにはキツイかな？　ともおもったのですが、年の差を理由に額を少なくするのは「？」なので、６歳のときから５０００円にしていました。

お買い物の知恵

コンビニでカゴいっぱいお菓子を買ったり、ファンシーグッズを買ったりして、最初の月は３日目でお小遣いが無くなりました。でも管理は無論、干渉もしません。「見てみてー」とカゴいっぱいのお菓子をうれしそうに見せる娘は、ハッピーに満たされています。

娘は、コンビニでは１００円のお菓子が、スーパーだと90円で売っていることに気づきました。だからスーパーで買って、差額の10円を持って駄菓子屋に行き、ガムを二つゲットする知恵を得ました。

コミック本の値段を調べる

おまけのシール欲しさにハマっていた61円のお菓子。そのお菓子を買うときに１００円を渡すと、おつりは39円だということを学びました。

１０００円札なら９３９円になることも。二つ買えば１２２円で、「１円玉整理しよっ」と言って、店員さんに２０２円を渡しています。お釣りを確かめることも怠りません。

ゲームソフトや本などが欲しいときは、近所の古本屋等に電話をして、在庫確認と中古の値段を問い合わせています。近所の店舗にない品はインターネットで調べます。市場調査はバッチリ。交通費や配送料も加算して検討し、一番安く買える店で買うようです。

やりたいことを実現するための能力

月末近く、友だちと映画を観に行くことになったみたいです。財布をひっくりかえして、電卓をたたいています。映画代やパンフレットのほかに、フライドポテトも欲しいそう。駅に電話をして交通費も調べています。

「あ〜80円足れへ〜ん」

お小遣いの前借制度は設けていません。ここはフライドポテトをあきらめるのか、はたまた来月に延期するのか。どうするのかなあ？　わたしは楽しみでわくわくです。

しばらくして娘が言いました。

「映画館まで自転車で行くことにしたから道おしえてー」（片道およそ1時間かかる道のり）。

娘、8歳。「あっぱれすぎだわ、この人」とおもったことをいまもありありと覚えています。

やりたいことを実現するために、なにが問題なのかをあきらかにして、目的も明確にして、情報を収集し問題を解決していきます。

思考力や判断力、行動力など、数字では表せない能力がいまこのひと時においてもふんだんに生み出されていっているのが目にみえます。あきらめないこと、勇気、挑戦、自信もまた一つ成長したのだろうなとおもいます。

友だちと映画を観に行く、というこの行動を教科に置き換えてみれば、算数や国語、理科、社会、体育が含まれます。映画館では、美術や音楽を楽しんだことでしょう。帰宅後は、パンフレットに書かれてあった英文の意味を調べていたので、英語も加わります。

机で勉強をしているのではなくて、勉強のなかで暮らしているんですね。

3　遊びは自分を信じることにつながる

読みたい新聞記事

娘が7歳の、ある夏の日のことです。

「おばあちゃんちに去年の11月の新聞ってまだあるかなぁ～？」

「さあ～どうやろ？」

「でも探せば置いてある家ってあるよなぁ～？」

なんでも、どうしても読みたいとある記事が、昨年11月の産経新聞に載っていたそうです。「図書館になら新聞あるで」と言うと、「行く！ 行く!! なあ、いっしょに行って探してくれる？」。

というわけで早速図書館へ向かいました。

11月ということはわかっているのですが、何日のものなのかはわかっていません。二人で、1日の朝刊から記事をさがします。1日にはありません。2日の朝刊、夕刊を調べてみても、載っていません。3日、4日…。30日の夕刊まで調べていきましたが探し当てることができませんでした。

2時間以上を要したこの作業、単純なんですが、二人ともちょっとお疲れモード。

「見落としたのかなあ～。せめて、何日のなのかがわかればなあ」

でも、もう一度探す気力はありません。

ひらめき

娘がひらめきます。

「図書館にあるパソコンを借りて調べよう」

何日の新聞なのか、あの手、この手で日にちをわり出そうと試みて、いろいろと検索しています。けれど図書館のパソコンが借りられるのは30分。時間オーバーとなって、一旦帰ることになりました。もうすぐ家に着くというとき、娘の2回目のひらめきが降りてきました。

「新聞社に電話してみよっか」

早速インターネットで新聞社の電話番号を調べ、「あ、ちょっとお尋ねしたいのですが…」と話しています。

電話を切り、娘はこう言いました。

「調べてくれるねんて。ほんで向こうから電話くれるって！　それにしても、ああああー、ドキドキやったよーーー」

しばらくして電話が鳴りました。娘が受話器をとって喋っています。聞くところによると、掲載されたのは11月21日の朝刊で、東京の産経新聞です。大阪では掲載されてなく、東京のほうに聞いてみてくださいとなったそうで、電話番号も教えてもらっています。

深く深く深呼吸をして、今度は東京の産経新聞に電話をかけています。

結果、その日の新聞は余っていないので、コピーをとって送ってくれるとのことでした。しっかりとその代金も聞いています。

「今からすぐ送ってくれるって！　めっちゃ楽しみやーーー。最初に出はった人な、めちゃ怖い声やってな、ビビってもた」

やった！　やった！　と自分でできた喜びに、娘の顔がいつまでも輝いていました。

生きているところすべてが学びの場

ひょんなことから、気になる記事が新聞に載っていたことを知ります。

読みたい！　とおもって、じゃあ、どうやったら？　と考え、その過程で出てきたひらめきを実行に移していきました。

娘はいったい、なにをどれだけ学んだのでしょうか。生きてるところすべては学びの場ですね。

そして、やりたいことを実行に移すということは自分を信じることにつながる。そのことも教えてもらいました。

「届くの月曜かなあ？」

「最短そうやろなあ」

「楽しみやあ～」

「うん。楽しみだね」

4　プレゼンテーションの能力が育つ

「USJに行きたい」

デモクラティックスクール（サドベリースクール）に通っていたころ、娘はユニバーサルスタジオジャパン（以下USJ）が好きでした。ラッキーなことに、スクールの友だちにおなじくUSJが好きなRちゃんがいて、年間パスポートを買ってRちゃんと二人で頻繁に行っていました。

そんなある日のことです。Rちゃんと娘が、スクールのスタッフでもあったわたしとUSJに行きたい！　と言ってきました。

やりたいことをみんなに認めてもらうために

スクールでは毎日の始業時と終業時に行うミーティングのほかに、毎週火曜日にスクールミーティングがありました。こちらはみんなで話し合って決める事柄を取り上げます。

次の火曜日のミーティングが始まるまでに、議題のある人は、議題をホワイトボードに書いておきます。二人はさっそく「USJに行きたい。一緒に行きたい人募集！　スタッフはよっぴー（わたしのニックネーム）に行ってもらいたい」とホワイトボードに書いています。

個人のことだったり、Rちゃんと娘がスクールを休んでそれぞれ個々のお金でUSJに行っている分に関しては、スクールミーティングを通す必要なんてまったくありません。でも今回はスクールの活動として行きたいので（公の学校でいう遠足みたいなもの）、スクール全員のＯＫが必要です。

毎月の活動費は決まっていて、そこからお金を出してもらおうというのですから、プレゼンテーションの力は大きいです。行きたいと主張するだけでは通りません。聞き手であるみんなのことを考えて、みんなのこころをいかに動かせるか、行動を起こさせられるか、起こしてもらえるか。

ミーティングがはじまるぎりぎりまで、二人は念入りな打合せをしています。レジメをつくったようでそれを元に確認しあってるみたいです。発表の番がきました。

「いつもは二人で行ってますが、スクールから行ってみたいんです。わたしたちは年間パスポートを持ってるので、よっぴーの分だけのチケット代と交通費を活動費から出してもらえないでしょうか？」（このときは他に一緒に行きたい人はなし）

チケット代はいくら、交通費はいくらと金額も提示しています。

「なんで今回はスクールから行きたいとおもったんですか？」

「この学校（デモクラティックスクール）では、こんなこともできるんだよ、ってことをスクール通信に載せたら、生徒募集の宣伝効果のたしになるとおもったからです。写真も撮ってくるので楽しい記事を次号に載せたらいいなとおもってます」

二人の願いは認められました。自分たちの思い描いたことを実現させていった二人の笑顔は、達成感に満ちているのでした。

5　イタリア語を習得したい

きっかけはアニメ

イタリア・ヴェネツィアを舞台にしたアニメ、『ＡＲＩＡ』をある日偶然見た娘は、ヴェネツィアに衝撃を覚え、30分後にはその衝撃は憧れに変わっていました。甘いワインに酔いしれていくような、恍惚とした感覚です。見終わるや、「ヴェネツィアに行きたーい！」と胸はときめいています。この「行きたーい！」は以降、彼女の口癖となり、約３ヶ月後、実際に行くことになりました。

ヴェネツィアって、すっごく魅せられますね。魅せられるなんてものじゃないぐらい、魅せられます。このときわたしたちは列車でヴェネツィアに入ったのですが、駅を出た瞬間、「地球ではないどこかの星に来た」と錯覚を覚えるほどでした。

「ヴェネツィアに行きたーい！」の望みは叶い、帰国するや、口癖は「ヴェネツィアに住みたーい！」になりました。16歳になったらヴェネツィアで住む（向こうで働ける年齢）と決めたらしく、じゃあそれまでの７年間でできることはなんだろうと考えて、「ああそうだ、イタリア語をしゃべれるようになろう」とおもったようで、娘はわたしに相談してきて、イタリア語習得の方法を二人でいろいろと調べました。

結果、ある小さなイタリア語スクールに二人で習いはじめることに。二人で学ぶと、「学ぶ」楽しさが濃くなり、より楽しくなります。習ったイタリア語はイタリア語で話そうと決めて、チャオ！から始まり、「おはよう」のかわりに「ボン・ジョルノ」が朝の挨拶に浸透しました。

言葉が伝わる楽しさと自信

習い出して3ヶ月後に、再度ヴェネツィアに行ってみました。なんと、イタリア語が通じるではないですか！　この体験はとっても貴重です。それはそれはうれしくって、帰国後、「イタリア語をマスターしたい」という欲は加速しました。

それからさらに3ヶ月して、またまたヴェネツィアに行きました。前回行ったときは、「スーパーはどこですか？」は通じても、「そこ右に行って、真っすぐ行ったら左に曲がれる路地があって…」といった返答は、理解できませんでした。ところが今回はわかったんです。焼きたてのパン屋さんに行き、なににしようかなあと迷っていると、お店のおじさんが「あと5分ぐらいしたらクロワッサンが焼けるよ。ここのクロワッサンはヴェネツィアで一番のおいしささ」と言うから、「わあ、そうなんですかあ、食べてみたい。じゃあ待ってる」なんて言いながら、おじさんとおしゃべりを楽しんでいます。

知らなかったことを知るおもしろさ。知りたいとおもったことを知っていく喜び。向上する楽しさ。ほんの少しだけだけど、イタリア語がわかるようになった自信。住みたいとおもうほど魅せられた大好きなヴェネツィアは、娘をハッピーにしました。

6　旅は見聞を広める

日本の常識が世界の常識ではない

イスラエル・エルサレムの旧市街は1㎢に満たない狭い地域です。そのなかがアルメニア人地区、ユダヤ教徒地区、キリスト教徒地区、ムスリム地区と四つの地区に分けられています。

散歩がてら朝の8時すぎにユダヤ教徒地区を歩いていると、登校中のユダヤの子どもたちを何人も見かけ、キリスト教徒地区でも同じ光景と出会いました。もっとも活気があるのはムスリム地区で、路地には露店が立ち、宗教用具や食料品、生活用品から家電まで、なんでも集まるスーク（市場）となっています。

お店の開店準備をしていた八百屋さんの前を通りかかったときのことです。擦り切れたサンダルを履いて、キャリーカートで野菜を運んでいた少年が店主に叩かれドヤされています。

「なにやってんだ！　遅いぞ!!　さっさとしろ!!!」

言葉はわからないけれど、きっとこんなことを言ってるんだとおもいます。いま運んで来た野菜をおろすや、萎縮したままの体で空っぽになったキャリーカートを引いて、少年は石畳の狭い坂道をくだっていきました。この地区では、仕事をする少年を何人も見かけます。

歩きながら娘は言います。「朝の同じ時間に見る、キリスト教、イスラム教、そしてユダヤ教の

キャリーカートで荷物を運ぶ少年

聖地がそろっている１㎢に満たない狭い土地は、生き方は一つじゃないということを肌で教えてくれる広い世界だね」

娘の世界観が豊かなのは、旅をした影響もあるとおもいます。旅は見聞を広め、日本の常識が世界の常識ではないことを知ります。一つじゃないと知る経験が多くなるにつれて、自分のなかにある「ねばならない」は崩れ落ち、歩んでいく道幅を広げてくれます。

考え、そして動いてみる

分離壁が築かれているベツレヘム（パレスチナ自治区）も歩いてきました。別名「アパルトヘイトウォール」と呼ばれている壁です。

なんのための壁？　誰が儲けているの？

見えるもの、見えないものを他角度からも見ようとしたとき、考え、そして動いてみることの大切さを実感できるのではないでしょうか。

7　アルバイトで身についた受験勉強のコツ

15歳になってすぐアルバイト

娘がバイトを始めたのは15歳、3月生まれなので学年でいえば高1です。インターネットや、駅などに置いてある求人雑誌で探していました。でも、詳細をみると高校生可とあるので電話をしても、16歳じゃないとダメだといわれたり、高校生不可フリーターOKの場合もやはり「15歳」はアウトのところが多かったです。

社会では成果を伴わなければならない

そんななか、「ああ、ここで働きたい！」とおもう飲食店の求人募集に出会いました。娘は早速電話をしています。翌日面接に行くと、店長さんは娘の履歴書に興味津々です。まず年齢を知りびっくりして、学校に行っていないことや、デモクラティックスクールのことに強く関心を持たれたそうで、いろんなことをたくさん尋ねてきます。娘はそのつど答えるのですが、その答え方だったり、面接時の姿勢だったり、声のトーンだったり、娘の人間力に惚れられたようで、その場で採用されました。

大阪の一等地に店を構える人気店です。大阪の一等地で人気をキープするということは並々ならぬ努力をされているのだとおもいます。スタッフの教育は非常にきびしいです。その甲斐か、店内のそうじも隅々まで行き届いています。近くのサラリーマンの方々が昼休みになるやドッと押し掛けてきます。店長さんは言われます。

「昼休みは貴重な時間。その貴重な時間を使って、お客様は来てくれる」。時間の貴重さ、重要さを徹底して教え、スタッフ全員にプロ意識を持たせます。注文を受けて食事を出すまでの時間は基本3分。どれだけ忙しくても5分厳守が守られているお店でした。

娘はいままで1分を気にしなければならないキビキビした暮らしをしてきたことがありませんでした。だからといって店長さんは容赦はしません。いっしょに働く仲間として若いからできないとか、大目にみるとか、そういった不自由な考えは一切されない方でした。娘は店長さんを大好きになりました。

仕事の面では悲しかったり、悔しかったりの連続だったとおもいます。覚えることも山ほどあります。家に帰ってからもメニューを徹底して覚えたり、1日の流れをシミュレーションし、一つのタスクごとに制限時間を設定して練習していました。このバイトによって娘は、「時間」が先にあり、かつ、成果を伴わなければならない利益社会に必要な実行力を身につけたのでしょう。

娘が大学に行こうと決めて高認試験に挑みだしたときも、大学受験の最中もこのお店で働いていました。彼女が2ヶ月半で12年間の勉強をマスターしたことや、そのあとのセンター試験に向けての勉強がスムーズにいったのは、段取りの「コツ」が身に付いていたのもあったとおもいます。

8　言葉を失った、娘の数学の勉強

娘の頭のなかをのぞいてみたかった

12年間の勉強を2ヵ月半でマスターした娘でしたが、わたしが一番驚いたのは、中学・高校で習う数学を、12時間で習得したことです。６年間かけて学ぶはずの算数が、たった20時間、わずか3日でクリアしたのも、もうほんと、驚異だったのですが、正直、数学は娘の頭のなかをのぞいてみたかったです。

数学だけは、先生についてもらいました。週1回、1回につき1時間。それが12回です。受験にむけての勉強を始めてからもバイトはしていて（高卒認定試験やセンター試験の前日も仕事でした）、バイトが終わったあと、その足で週に1回、塾に行きます。マンツーマンでの授業を終えると、近くのカフェに入って、いま教わったばかりのところを、1時間みっちりと復習をしたそうです。

バイト先も塾も都心だったので、仕事や勉強に最適なカフェはいっぱいあります。家に帰ってからするよりも、外での勉強のほうが集中できたそうです。電源やｗｉｆｉも完備されていますしね。

高認に受かるためだけの数学なので、高得点でなくていいんです。高認は、落とすための競争試験ではないので、合格定員（合格者数）の上限はありません。

サイン・コサイン・タンジェント

数学にいたっては12時間。教えてもらっていた先生は、数学が大好きなプロフェッショナルな方で、教え方が非常に秀でていたからではありますが、それでもやっぱり言葉を失います。

７＋８＝？

この足し算がわからなかった人が10時間後には、

$0° \leqq \theta \leqq 180°$ とする。$\tan\theta = -\sqrt{3}$ を満たす θ の値を求めなさい。

を解いているんですよ。

学ぶ力

あいかわらず学力低下が叫ばれていますが、大人の側の「与えよう」、「身につけさせよう」とするものと、子どもがいま「得たいもの」、「求めているもの」とにズレがあるだけです。学力なんてものは計れるものではありません。個性や個人差を無視した、一年生の1学期には○○を、二年生の2学期では△△、と要求されている「学習指導要領」に縛られていませんか？

学力とは字のごとく学ぶ力のこと。学ぶ力は生まれて最期まで誰もがもっているものです。

6年かけて学ぶはずの算数を20時間（３日）でクリアできるのがスゴいのではなくて、20時間（３日）でクリアできる算数を6年。同じく12時間でマスターできる数学を、花の中高6年もかけさす（遊学の子ども時代を奪い、レッテルまで貼る）灰色の罠があまりに巧みだってはなしです。

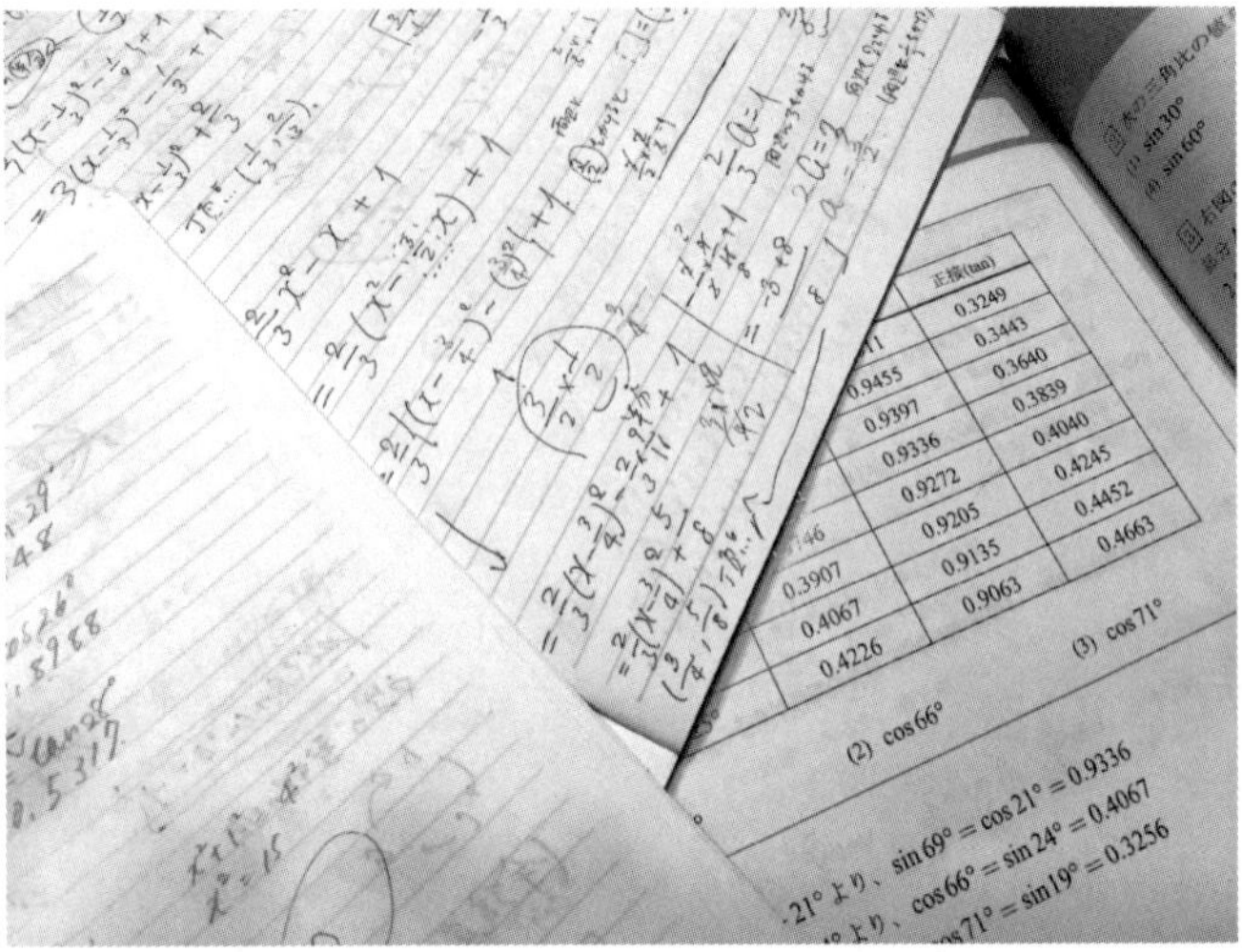

勉強した数学のノート

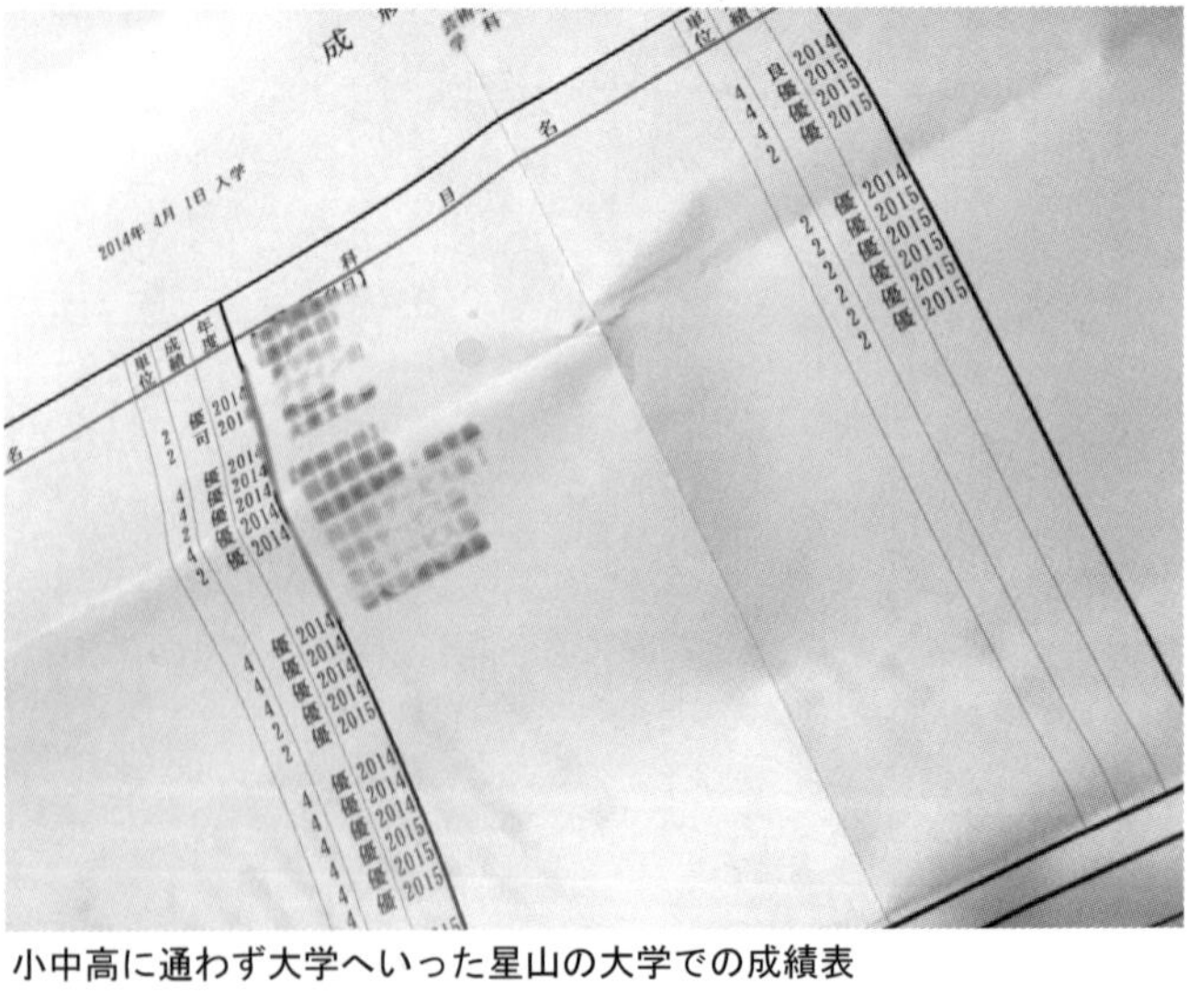

小中高に通わず大学へいった星山の大学での成績表

第8章　子育てがうまくいったたった一つの方法

1　遊びこそが学びのすべて

遊びとはなんだろう

生きる力をもって生まれてきた赤ちゃんが、「これはなんだろう？」と好奇の心で物事のいろはを知っていく、その探究心というのは人間の源だとおもうのです。赤ちゃんは自分が手を持っていることを発見します。次に、その手を動かすことができるのに気づき、自分の手を自分のおもうように動かそうと試みていきます。粘り強く。そうして、やがて自分の手（この段階ではまだ拳）を自分のおもうがままに動かせるようになると、さらなる難しいことに挑んでいくのです。

遊びの定義は人それぞれですが、わたしは精神的創造活動が、「遊び」だとおもっています。好奇心が衝き動かす遊びは、向上の精神をもちます。どれも、いつだって、「やってやる！」から、「どうやって？」を考え、工夫しました。想像力を超えた創造力で。コマなし自転車もそうでした。

遊びによって生まれてくる創造力は、外から与えられるものではなく、自らが「遊び」をたんとして育んでいくものです。そのことを重々知っている灰色は、だから遊びに制限とマイナスイメージをかけたのかもしれません。遊ばせていると創造力が豊かになってしまうから。考える力が伸びて利口な人になってしまうから。遊びによって育つ能力を抑え込むために、遊びから学びを切り取って「勉強」だけをあたえたのでしょう。勉強はエライこと、遊びはイケナイことという価値観をつくって。または遊びを教育的なものに変質させてです。

わたしは遊びこそがすべてだとおもっています。いくつか例をあげてみます。

漫画にも学びがある

かれこれ3時間、『ONE PIECE』のコミックを開いて、なにやら書いています。なにをしているんだろう？ 背中越しに覗くと、「載ってる漢字、書いて遊んでんねん」と、娘のキラキラした声が返ってきます。なんでも、夕べのMちゃんのメール（第7章1「娘が携帯を持ったのは6歳のとき」で詳述）で漢字に興味をもったみたいです。

『ONE PIECE』の1巻の1ページ目には、「富・名声・力・世の全て・手に入れた男・海賊王・彼・死に際・放つ・一言・全世界・人々・海・駆り立つ・財宝・欲しい・探す・置く・大海賊・時代・迎える」。1ページ目だけで、これだけの漢字が書かれてあります。

漢字をきれいに書きたくて、「富」の漢字を、自分が納得するまで何度も何度も書いて練習しています。漫画にはふりがながな振ってあるので、インターネットで筆順を調べるのも簡単。ついでに言葉の意味も調べているみたいです。

やがて満足のいく「富」が書けるようになると、別のノートに1回だけ「富」をしたためます。そうして次の「名声」に進んでいくようです。ペンだこができた中指に絆創膏を巻きつけて、次の日もその次の日も、この遊びはつづきました。

そう簡単には満足しない

こちらも6歳のときの話です。

ある夜、ぞうきんを縫っていたわたしをみて、「やってみたい！」と言います。これまで針を手にしたことはなく、針の穴に糸を通すのも、結び目をつくるのも、このときが初めてです。約2時間後、赤や緑の糸で縫われた、カラフルなぞうきんが完成しました。ボタンもたくさんつけて、なんともポップなぞうきんです。でもそれだけでは満足しませんでした。

犬のマスコット（かばんなどにぶら下げる大きさの、フェルトでつくられたもの）をつくってみたくなった娘。翌朝、図書館でフェルトづくりの本を借りて、手芸屋さんでフェルトを買ってきて、犬のマスコットづくりの始まりです。型紙の取り方から、チャコールペンで形どる作業、特に型紙をハサミできれいに切り取る作業がむずかしいみたいで、なかなか納得がいかないようです。描いては捨て、切っては破る。イヤ気がさしてもうやめるかなぁ？　という感じの空気。が、8時間後、クマにもウサギにも見える、愛らしい犬のマスコットをつくりあげました。その日以降つくった作品は数知れません。

遊んだことは能力になる

「まりんも自分のホームページつくりたい！　教えて〜」の一言ではじまったホームページづくり。そのとき時刻は午前11時でしたが、昼ごはんも、晩ごはんもそっちのけの14時間後、ホームページの骨組みができあがりました。6歳のある1日の出来事、教えていたのは4歳違いの兄、息子です。

翌朝も起きてくるなりパソコンにむかいます。翌々日もホームページづくりに没頭です。1週間後、処女作が完成しました。おもしろかったのでしょうね。自分が撮った写真を載せるサイトや、描いた絵を載せるサイトもつくるねん、と言って、2作目、3作目が誕生していきました。

楽しそうにブログ等をしている子どもたちを見ていてわたしも始めたのですが、そのブログサイトをつくってくれたのは娘でした。9歳になっていた娘は、デザインを考え、ＨＴＭＬとＣＳＳを勉強して、試行錯誤しながらも、ホームページをつくるのがますます好きになっており、すてきなサイトをつくってくれたものです。いまも好きで、知人などから頼まれたりもしています。

遊びによって育つもの

楽しさに身を任せて子どもたちが遊んでいる姿をみていると、しあわせをかんじます。

好奇心から発せられた遊び、自分の中に湧き出る大好きなことを、し続けていってほしいと切におもっています。自分の「好き」をしていると、楽しいです。「好き」を進めていく一連の作業の中にはキツイ事が多々とあって、けれどキツイことも楽しいに変わります。難問にであうたび嬉しくさえなる。魂が喜んでいるので体も元気で、心も平穏です。エネルギッシュになって、寝食をも忘れるほどのワクワク感で満たされます。

そして好きなことをしているときには自覚していませんが、遊びは、誰かが、なにかが、邪魔をしなければ、創造する能力を開花させる、真剣な学びです。

遊びによって育つものは、創造力、集中力、思考力、洞察力、想像力、自発力、行動力、実践力、技能、個性、体力、尊重、自主性、協調性、忍耐力、自省心、愛他心など数えきれないほどにあります。アクションゲームのようなスピードを要するものだったら、直感を信じて瞬間的に下せる決断力もつくでしょう。

研究心、分析力、失敗しても最後まであきらめない粘り、皮膚感覚など、どれも能動的能力で、いずれもが豊かな知恵を生む貴重な財産です。

おしゃべりは休むことをしらない

我が家はとにかくよくしゃべります。家の中に「学校中心の時計」は存在していなかったからでしょう。おしゃべりの始まりはいつだってとても自然です。そろそろ寝ようかな、とおもいだしたころに何気ない一言からおしゃべりが弾み、「寝なきゃ明日おきれないぞ」とおもいつつも話に花が咲き、やがて朝が来て、とうとう出勤時間になって…。一睡もしないまま仕事に行くなんてこともよくありました。おしゃべりは理解しあうことを学び、世界を広げ、愛を深めてくれます。

第6章5「公の学校とデモクラティックスクールの違い」で、デモクラティックスクールは旅だと書きましたが、遊びやおしゃべりもまた旅だなあとおもいます。物事が固定されず終わりが決まっていないのです。つまりは創造の自由。おもしろいはずです！

2　自分がされたらいやなことをしなかっただけ

子どもはお母さんが大好き

自分が親になりおもったことは、子どものころの自分を忘れたらいけない、というものでした。

親になると誰もが痛感することだとおもうのですが、わたしもまた自分が親になって、はじめて親のありがたさを知りました。夜中の授乳に「ああ、わたしもこうやって育ててもらってたんだなあ」という想い。けれども、子どもの涙や笑顔に教えられるのは、「あなたが想像しないといけないのは、子どものころの自分だよ。決して忘れちゃいけないのは、子どものころ感じた気持ちだよ」というものでした。どれほどの経済国家になろうとも、いつの時代も、子どもが親に望んでいることはただ一つなんだからと。

子どもは、お母さんが大好き。大好きなんてもんじゃないぐらい大大大好き。その愛が健やかに育つかどうかは、子どもの立場を徹底的に尊重する愛と理解と想像力だとおもいます。

条件を付けない

「テストで100点をとったら○○を買ってあげる」、「ママ（パパ）の言うことよく聞いていい子にしてたら、今度の休みに○○に連れてってあげる」といった、「××したら○○してあげる」

の類が、わたしはめちゃくちゃイヤでした。あるがままの自分では価値がないんだと植え付けられていき、自分で自分をいじめて苦しみを生む大人になっていきます。自分を信頼できません。

条件づけは、日常の暮らしのなかではびこっています。「手を洗ってきたらね」「お片づけが済んだらね」「宿題が終わったらね」などもそうです。いまの時代だったら、××点以上取れなかったらケータイを取り上げられたり、お小遣いを減らされたりもあるみたいですね。

怒らない

怒られるのが好きな子どもは、いないに等しいとおもいます。ただ、この「怒らない」は、されてイヤだったからしなかったというよりは、子どもと日々生活していて、どこを探しても怒る理由がみつからなかっただけです。

子どもに対してだけではなく、暮らしのなかでイライラするということがありませんでした。前述の条件を付けられた子というのは「あるべき子ども」だとおもうのです。わたし自身「あるべき子ども」にさせられて、それがいやだったから、数々の強制や強要、振りかざす権威、指示などを排除したというわけです。排除して現れたのは、怖れを抱かない「あるがままの子ども」でした。

命令しない

「早くしなさい！」「勉強しなさい！」「やめなさい！」。どうして命令するのか、ふしぎでなりません。自分より歳が下であっても、子どもであっても、人間として、相手に失礼です。自分にも失礼です。たとえば、自由な発想を否定する「言うことききなさい」という命令は、大人になっても自分で考えられない人に育ちます。「言うことききなさい」には、わたしはあなたを信じていませんというメッセージが隠れています。「泣くな！」は感情を否定する言葉です。親の恐怖心が強いからだとおもいますが、感情を否定される経験は、生命の基盤のダメージにつながります。

脅さない

「早く寝ないとお化けが来るよ」「片づけないんだったら捨てるよ」「言うことききかないと置いていくよ」などといった脅し。「言うことききかないと置いていくよ」と言ったときにしていた子どもの活動、たとえばスーパーでおもちゃを見ていた、公園の噴水を見ていた、ホームに入ってきた電車を見ていた、道端に落ちてるなんか汚いものを見ていた、なんだっていいのですが、いずれも子どもがそのとき興味をもったなにか（学び）、そのなにかについて、なにかを学ぼうとした（学んでいた）力を奪った罪の重大さに、親は気づきません。大人になるにつれ、好奇心が弱くなる原因の一つだとおもいます。恐怖が根付き、抑圧されて満足しないままの欲望はずっと残り続けます。

相手の問題に口をはさまない

わたしの問題ではないことには、口をはさみませんでした。小さいころだと、体や頭の洗い方、お風呂からあがったときの体の拭き方、お箸の持ち方、どのおもちゃにするか、なにして遊ぶか、兄妹ケンカ、他諸々。就学以降であれば、朝起きる時間（学校に行っていた一年生のころも、「明日は起こして」と頼まれたとき以外は起こさず、学校に遅れる時間になって起きてこなくても起こさなかった）、寝る時間、学校、勉強、宿題、部屋の散らかり、髪型、友だち、他、たくさん。

日常茶飯事のささいな出来事。考え方、時間の使い方、お金の使い方、バイト、就職、進学、門限、外泊、旅など、単なる価値観の相違には干渉しません。

約束は守る

小さな小さな約束事、たとえば娘が5歳のころの話です。「図書館の帰り、油だけ買いにスーパー寄りたいから付き合ってもらえないかな？」「油だけならいいよ～」。スーパーに行くと油売り場の並びで調味料が安売りされていました。ちょっと見たい。でもそれは見ずに、「付き合ってくれてありがとう。帰ろう」というふうに。

たまたま通りかかった雑貨屋さんや洋服屋さんなんかで娘に「10分だけ見せて」と言ったのなら、その10分は守る、とか。約束を守ってくれる経験がつづくと、親を、人を、自分を、信じる力が育ちます。「絵本よんで～」と言われて、「あとでね」と適当に返事をした無神経な約束（約束をしたことさえ覚えていない）は、自分は愛される価値がないんだ、と教えます。約束は守ってもらえないと、悲しいです。

3　干渉は子どもを不自由にする

年中無休の干渉

毎日、朝は親が起こしてくれる。身支度の指示もバッチリです。

「ハンカチは？　名札は？　忘れ物ない？　ホラ、帽子。今日は寒いからジャンパーを着て行きなさい。もう、そんなだらしなく着ないの！　ホラ、ちゃんとボタンをして！　あーもう、靴ひもがいがんでるでしょ！　ほんともうみっともない！　お母さんが言わなかったらなにもできないんだから！」

あれダメ、これダメ、あーしろ、こーしろ、干渉は休むことをしりません。子どもは毎日、毎時、毎分、毎瞬、干渉を受けて育てられていきます。

親の恐怖はどこからくるのか

子どもが「なにもしない」ということをしているとき、親の意に反したことをしているとき、子ども自身が怒っているとき、いずれも子どもは自分の思考や感じたことを基準に行動しています。そのときその状態が、そのまんまその子自身です。でも親は、子どものありのままを、ありのままには受け止めません。常にものさしをあてて見ます。自分（親）にとって「いいこと」なら褒め、「わるいこと」の言動には、叱ったり説教したりします。あくまで評価の基準は、親の感情や都合や価値観によって判断されるのです。

子どもが泣いているとき、その涙に共感することもなく、「やめなさい！」や、「いつまでも泣くな！」なんてことを言います。男の子には、「男でしょ！」が付いてしまいます。

子ども自身は野花でありたいのに、付加価値のない花ではダメだといって、バラになるように親は加工していきます。とにかく自分の枠にはめないと気がすまないし、許せない。親が善しと望むバラの型から少しでもはみでると、不満が出て、イライラして、不安で焦ってしまうのです。

そして親は、その不安を自分のなかに留めておけばいいものを、干渉と評価、さらには脅しまでかけて、自分の不安を少しでも軽くしたくて、その不安を子どもに押し付け担がせてしまいます。「そんなことでどうするの！」などと言って。担がされた子どもは、野花ではダメだと抑圧を受けて育つから、素顔の自分を否定（否認）していきます。結果、劣等感や罪悪感に苦しみ、恐怖が根づく。

自信はなくなり、評価が怖くて、素顔の自分を基準とした考えや行動はできなくなります。

親はなにを排除すればいいのか

子ども自身が主人公となって、自由に、自分の好きなように、自分が満足する、自分の人生を、自分で創っていくために、親はなにを排除すればいいのか？　それは干渉です。干渉は、子どもを不自由にします。そして、干渉といつもペアの評価です。これらは自律性を遠ざけます。自分で自分を律することができない限り、持って生まれた自分を生きていく力はしぼんでいってしまいます。自由も責任もわからないまま、自信も持てません。どれもこれもはじめから、自分のなかにあるものなのにです。干渉は、これらを砕いてしまいます。

ただ困ったことに干渉は、自覚がないのです。ないものだから、子どもを不自由にしていることにも気づいていません。もし自覚があるとすれば、むしろ、やさしさであったり、親切心で、いいことをしているとおもっています。言われる側も、日常の些細な場面での常套句だから、それが干渉だとは考えたこともありません。

「風邪ひくよ〜」や、「おかわりは？」なども干渉です。子ども（他者）が「おかわり」と言う前に、空になったお茶碗を見た、やさしくて、よく気のつくお母さんは、こう言います。

「おかわりは？」

子どもが素っ気なく「要らない」なんて言おうものなら、さらに干渉の言葉がつづくでしょう。かなり厄介です。干渉は。

当事者ではないわたしが、子ども自身の領域に入り込み、ああしろ、こうしろと意見を述べたり、指示をしてしまう干渉は、本人が考えなければならないこと、本人が判断し決断しなければならないこと、それらの能力を奪い去り、学びのチャンスを妨害します。

子どもたちから求められない限りは、教えない、奪わない、求めない、に徹してきました。たくさん、たくさん、ミスを犯しながら。

4　自分がおいしいとおもう玉ねぎソテーをつくる

お料理と子育て

おいしいお料理の隠し味は愛情とよくいいますが、これは当たっているなとおもいます。わたしは手抜き料理が得意なんですが、そんなごはんでも家族は、いつも「おいしい、おいしい」と言って食べてくれます。あるとき子どもに言われてはじめて気づいたんですが、台所に入っているときわたしは、必ずといってもいいぐらい謎のダンスをしながら、鼻歌なんかを歌っているそうです。

お料理は五感を使ってするものだとおもいます。レシピには「5分炒める」と書いてある玉ねぎソテーを作るとしても、水分の多い北海道産の玉ねぎもあれば、辛みが少ない佐賀産の玉ねぎもあります。淡路島のだって、必ずしもどれもが甘いとはかぎりません。我が家は近くに住む知人から玉ねぎをわけてもらうことが多いのですが、大阪産もおいしいです。5分と言っても、土地土地の玉ねぎによって違うだろうし、おなじ人が同じ畑でつくった玉ねぎですら、一つひとつ形も大きさも違います。

見るのは「時計」ではなくて「玉ねぎ」です。玉ねぎの炒まり具合。玉ねぎの甘い匂い。香る声。目で見て、匂って、声を聞いて、温度を感じて作った玉ねぎのソテーは、最高においしいものです。

それをどこかの誰かが5分と言ったからといって、時計とにらめっこしながら5分間きっかり炒める。それだけでは心配で、そのうえさらにキッチンタイマーまで使って5分を測ったりもします。5分できつね色にならなかったら、悪いのは玉ねぎだと言い出します。玉ねぎソテーの話をしているのではなく、玉ねぎソテーに例えた子育ての話です。

料理が上手になる秘訣はたくさん失敗すること

「あーそっかあ。レシピにはお砂糖30グラムと書いてあるけど、わたしには甘すぎたな。今度は25グラムにしてみよう。あー25グラムでも多かったな。次は20グラムにしてみよう。10グラムにしてみよう。なあんだ、わたしはお砂糖入れないほうが好きなんだ」

むずかしいことなんてなーんにも考えなくてよくって、むしろ考えると、おいしくない玉ねぎソテーになっていってしまいます。自分がおいしいとおもう玉ねぎソテーをつくればいい。それでいいです。それがいいです。誰が食べても「おいしい!!」と叫ぶような、そんな玉ねぎソテーを作れる人は、世界中を探してもきっといません。それを世界中の人に？　日本中の人に？　地域の人に？　学校の人に？　隣家の人に？　おいしいとおもってもらおうとするからおかしくなる。無理が出る。評価に支配されている自分に気づこう。

「おいしくなれ〜」と話かけながら、玉ねぎソテーをつくることをただ楽しんでほしいとおもいます。「時計」ではなく「玉ねぎ」を見て。鼻歌など歌いながらお気楽に。自分軸でいきましょう。玉ねぎソテーはどれも一緒じゃなくていいし、一緒にする必要はありません。

5　大学へ行くと言った娘を見ていて感じたこと

17歳の夏、突如、大学に行こうと思い立つ

昼食後のコーヒーを飲みながら、まったりとおしゃべりを楽しんでいたときのことです。突如、娘が言います。

「わたし大学に行くわ〜」

「あら〜そうなん。ええやん〜。前々からおもってたん？」

「いま！」

娘が大学へ行くということに、「わー。こりゃあおもしろくなる」と感じました。さっそく高卒認定（第2章2「小中高12年間の勉強を2ヶ月半でやる」で詳述）のことを調べています。

「おお、11月に実施される試験日に間に合う！　ラッキー」

速攻でインターネットから願書を申し込んでいます。

「ということは…、11月の高認試験で全科目受かったら、間をあけないで大学を受験できるってことやんな？（12月高認合格発表→翌年1月センター試験→2月大学一般専門試験）おもしろい！これまでしたことのない遊びやん。ここはいっちょ来春めざして、『学の冒険』に挑んでみるわ」

ハートがキャッチしたやりたいことが、えらく困難とおもわれることであっても、できるかでき

ないか、ではなく、どうやったらやれるか？　と掴み、具体的に工夫をめぐらせていくのはお手のものです。遊び心に火がつきました。

「たのしみだー」

高認試験まで２ヶ月半

学校に行かなくても勉強はいくらでもできます。むしろ自分のペースでできるので効率もいいのではないでしょうか。学校には行かないで、塾や家庭教師、独学で勉強している子どももいます。

けれども娘は家でも、デモクラティックスクール（サドベリースクール）でも、科目勉強をしたことがありません。これまでにテストなるものを受けたこともありません。

たとえば、算数。九九（かけ算）はおろか、足し算から知らない状態です。英語も知らないです。主語ってなに？　ｂｅ動詞？　なにそれ？　道はけわしい。ほかにもありました。

デモクラティックフィールドのらねこの仕事以外にも、週５日バイトをしている社会人受験生です。けれどバイトをやめる気はないみたいで、「がんばる」ということを楽しんでいました。

行動力と実行力

家庭と、デモクラティックスクールと、のらねこ、これらの共同社会のなかで、どれほど時間がかかっても成し遂げる力を得てきました。その行動力に足して、15歳から一般企業でも働いてきた経験で、「時間」が先にあり、かつ、成果を伴わなければならない、利益社会で必要な実行力もが身についていたのでしょう。目的・目標を明確に設定して、ブレずに力を発揮したのです。

12年間の勉強が2ヵ月半

足し算・引き算からはじまって、かけ算・わり算、分数に小数点…。小学校で習う算数は3日で終えました。方程式をおぼえ、因数分解や不等式もクリアして、三角関数をこえていきます。数学のほか、英語、国語、世界史、地理、現代社会、生物に地学、と、全科目8教科を、勉強期間わずか2ヵ月半で、一発合格をはたしたのです。

勉強期間わずか2ヵ月半って…。2ヵ月半で8教科って…。12年間の勉強が2ヵ月半？　それもお仕事しながらでしょ？　しかも数学以外は独学ででしょ？

比べあうことを教える教育経験がそれらをもぎ取っていくなかで、デモクラティックの真髄は、悠揚と根を下ろしていました。想像力を超えた強力な創造力。そのパワーの集中を支える情熱の、しなやかな妙に見惚れていました。高認試験の合格通知は、12月中旬にきました。

「よしっ！　これで大学を受験できる」

つぎ、志すはセンター試験。それから、翌2月に実施される専門試験（一般入試）。夢をみているだけじゃ叶うあてのない望み。それを実現するんだと、抑圧や評価のない野良に咲いたカラダが遊学の自由をたのしんでいるのです。

6　はじめての旅

自分を生きる力

瞳をキラキラさせて、娘がわたしのもとに駆け寄ってきてこう言います。

「やったあ〜！　失敗したからできたあ！」

失敗したからできた？　ああそうかあ。そうですよね。失敗した「けど」できた、のではなくて、失敗した「から」できた。

信じるとは、信じるという概念を超えたところにあるものだということを、母にさせてもらえて知ることができました。そうそれは、誰もが経験したことのある、『はじめての旅』が教えてくれたのです。

生まれるときを知って、狭い産道をくぐりぬけて、この世に出てきた、子どもたち。わたしたち。産道のくぐりぬけ方を誰に教わるでもなくです。ただ自分を信じて。母を信じて。

何時間もがんばって、なかには1日以上の人もいます。もうそれって、生きる力のかたまりです。生きる力のかたまりとして生まれてきます。

乳を飲みはじめます。ここでもまた、誰に教わるでもなくです。乳房の吸い方を知っています。生き物にそなわった生きる力は、確かで力強いです。首が座り、寝返りを打って、ハイハイをしてやがて歩きます。。自分の足で歩き出します。なんどでも言います。誰に教わるでもなくです。人はそれを超えると、もっとすごいことを成していきます。しゃべるということです。自分を生きる力は誰もが生まれたときに持ってきています。

唯一無二の存在は、信じるという強さ。信じるという安らぎ。信じられるというしあわせを教えてくれました。

二十歳になった娘

高邁な自由をもつ娘。幼少のころから自分を大切にして、自分を律して、恥を知り、誇りを持つ人であったけれど、いま、尊敬できる自分になることを目指す人になりました。

上質な本を読み、心の潤う音楽を聴き、優れた絵画や芝居を観て想像力を積みます。学業にも遊び、3歳から撮りだしている写真とはいまも深く付き合う仲です。自分を磨き、生きたいように生きています。

子どもたちと暮らす時間は、円のようで、生命のリズムに身をまかせて展開していた球体の世界がふたたびかえってきたようでした。計算も問題も比較もない。星を見上げながら語りあったり、夕ぐれを手をつないで歩いたり、朝ごはんをみんなでつくったり。

やさしい気持ちになれるのはどんなときかと尋ねられたら、わたしは迷わずに、子どもといるとき、とこたえます。

子どもたちからなにを学べるか

娘が学校（デモクラティックフィールドのらねこ）をつくったのは12歳のときです。

その一年前、旧ユーゴを旅しました。そこでは紛争により銃弾・砲弾の穴だらけだったり、屋根や壁のない家々を目のあたりにしました。けれど戦禍の爪痕に胸が詰まる地で、愛のまなざしを放って子どもを抱く（見護る）お母さんの姿にそれ以上に逢ったのです。

子どもがしあわせでいられるためにはどうすれば…、と考えた娘は「世界中のお母さん一人ひとりがしあわせな世の中になればいい」。そうひらめいて、のらねこを立ち上げました。わたしの「でも校舎はどうするの？　お金ないよ」の声にも、「なくていいやん。地球が学校やん！」と言って。

こうして「学校」（スクール）という枠組みを取り払い、子どもだけではなく大人も参加できるデモクラティックの学びの場はスタートしました。

天才とは天職を生きる才能だとおもっています。生きる力のかたまりとして生まれてきた人が、どんな暮らしをすれば、生きる力をそこなうことなく、天才のまま大人になっていくのでしょうか。

子育てがうまくいく方法なんてないとおもいます。あるとすればそれは子育ちをじゃましない。ただそれだけではないでしょうか。子どもをよくしようとしないこと。これに尽きるとおもいます。

相手は一人の人間。歩くスピードも、考え方も、好みも、すべてがちがいます。わたしがしてきたことは、子どもといっしょに遊んだ。それだけです。それとハートから話したことです。

新しい今日もまた、はじめての旅です。失敗したからできること。ねっ、なにして遊ぼうか。

著者略歴

吉田 晃子（よしだ あきこ）

1962年大阪生まれ。神戸学院女子短期大学卒、二児の母。

口唇口蓋裂の先天性形態異常で生まれ、成人するまでに何度も手術、入退院をくり返す。周囲の子どもたちに差異を指摘され、障害を自覚することで、苦悩が生じていく。大学卒業後、入社した会社を3日で辞め、放浪の旅に出る。その後フリーのフラワーアレンジメント、室内装飾のコーディネーター、飲食店経営など、自遊人の20代を過ごす。29歳のとき誕生した第一子は先天性心臓疾患（心臓機能障害1級）で、再三にわたり生死の境をさまよう。自らの障害、息子の障害、子どもの学校に行かない選択と、人生の柱となる深い学びをもらう。「デモクラティックスクール・フリープレイスなわて」の立ち上げおよびスタッフを経て、生活をアートに変えるコミュニティアート「デモクラティックフィールドのらねこ」、新しい教育をデザインするオンラインスクール「AI-am」を星山とともに創立。子どもの育ち方・育て方が、オルタナティブ教育に関心がある方だけではなく、公教育で過ごす親御さんたちの興味をひき、各地で座談会などを行っている。

星山 海琳（ほしやま まりん）

1996年大阪生まれ。大阪芸術大学在学。

6歳で小学校へ入学してすぐ、学校教育への数々の疑問が湧き、学校への魅力を感じなくなる。自分に合ったより魅力的なほかの教育を探し、「デモクラティックスクール・フリープレイスなわて」で6歳から11歳を過ごす。11歳でデモクラティックスクール（サドベリースクール）を卒業。12歳のとき、コミュニティアート「デモクラティック・フィールド のらねこ」を吉田とともに創立。教育・子育てに関心や悩みのある方々の相談やサポートなどのほか、詩や絵画、写真など自身の創作活動にも励む。

17歳の夏、とつぜん大学へ行くことを志す。高等学校卒業程度認定試験を受けることに決め、約2ヶ月半の期間で、全8教科の勉強を小学校1年生のレベルからはじめる。九九や四則計算など小学校算数を約20時間、数学を約12時間で修了。ほか7教科とともに、高認試験に合格。志望校である大阪芸術大学を受験、現役入学した。

デモクラティックフィールド のらねこ　http://noraneko365.com
AI-am　http://ai-am.net

小さな天才の育て方・育ち方
―小・中・高に通わず大学へ行った話

2016年6月22日 初版発行　　2024年4月2日 第8刷発行

著　者　吉田　晃子　©Akiko Yoshida
　　　　星山　海琳　©Marin Hoshiyama
発行人　森　忠順
発行所　株式会社 セルバ出版
　　　　〒113-0034
　　　　東京都文京区湯島1丁目12番6号 高関ビル5B
　　　　☎03（5812）1178　FAX 03（5812）1188
　　　　https://seluba.co.jp/
発　売　株式会社 創英社／三省堂書店
　　　　〒101-0051
　　　　東京都千代田区神田神保町1丁目1番地
　　　　☎03（3291）2295　FAX 03（3292）7687

印刷・製本　株式会社 丸井工文社

Printed in JAPAN
ISBN978-4-86367-275-8